Redes neurais urbanas
Do caos da pandemia
às cidades metaverso

CB064190

COLABORAÇÃO
Marcelo de Souza e Silva

DIAGRAMAÇÃO
André Barbosa

REVISÃO
Mitiyo S. Murayama
Paula Lobato

CAPA
Fabricio Lemos

IMPRESSÃO
Lura Editorial

Copyright © Renato Lucio de Castro Junior 2022

Lura Editoração Eletrônica LTDA
LURA EDITORIAL - 2022.
Rua Manoel Coelho, 500. Sala 710
Centro. São Caetano do Sul, SP – CEP 09510-111
Tel: (11) 4318-4605
E-mail: contato@luraeditorial.com.br

Todos os direitos reservados. Impresso no Brasil.

Nenhuma parte deste livro pode ser utilizada, reproduzida ou armazenada em qualquer forma ou meio, seja mecânico ou eletrônico, fotocópia, gravação etc., sem a permissão por escrito do autor.

Dados Internacionais de Catalogação na Publicação (CIP)
(Câmara Brasileira do Livro, SP, Brasil)

Redes neurais : Do caos da pandemia às cidades metaverso / Renato Lucio de Castro Junior. São Paulo: Lura Editorial, 2022.
288 p.

ISBN: 978-65-84547-55-1

1. Caracterização das cidades e infraestrutura urbana 2. Cidades Inteligentes 3 Sustentabilidade 4. Metaverso 5. Planejamento urbano I. Título

CDD: 307.76
CDU: 316.334.56

ENTRE EM CONTATO COM O AUTOR:
renato@renatodecastro.com
www.renatodecastro.com

www.luraeditorial.com.br

Redes neurais urbanas
Do caos da pandemia às cidades metaverso

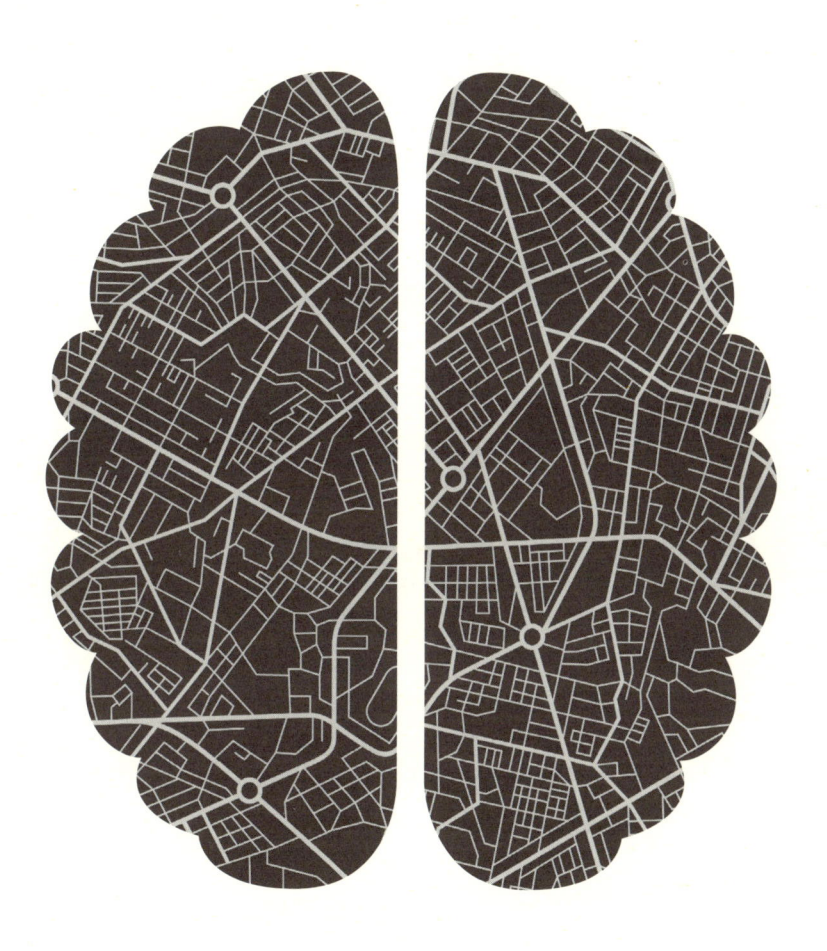

Renato de Castro

Prefácio

Em um longínquo 2020, tudo mudou...

Julgando somente o título deste prefácio, muitos poderiam pensar que se trata de um livro de ficção ou aventura. Mas não. Vamos tratar de fatos e, principalmente, de um exercício de resiliência e um processo profundo de mudança de mentalidade.

Estamos passando, ou finalizando (assim esperamos), o período mais desafiador para a humanidade depois da Segunda Guerra Mundial. A pandemia impactou o mundo inteiro, sem fazer distinção de raça, localização geográfica, produto interno bruto ou orientação política. Todos passaram pelas mesmas dificuldades e perdas, e temos todos um grande desafio pela frente. Depois de dois intensos anos travando uma batalha sanitária e econômica contra o vírus, sobrevivemos, aprendemos a lição e estamos prontos para a construção de um mundo melhor.

O Brasil foi um dos países mais afetados pela pandemia da Covid-19, não somente pelas mais de seiscentas mil vidas perdidas, mas também pelas sequelas que as medidas sanitárias e de restrições sociais impuseram para nossa economia. Em uma análise ainda mais profunda, o setor de comércio e serviços, um dos braços econômicos mais fortes da nação, levará consigo uma cicatriz profunda, que precisará de uma atenção especial ainda por algum tempo.

Mas não se preocupem. Somos um pilar robusto da economia brasileira e fomos construídos em bases sólidas e estáveis e, principalmente, somos imbuídos de um espírito de perseverança e resiliência. Em um futuro desafiador e cheio de incertezas para nossa nação, eu posso garantir para você que o varejo continuará a exercer seu papel protagonista na transformação urbana, ajudando a construir cidades mais inteligentes.

Entre os legados e aprendizados que a pandemia nos deixa, a intensificação do processo de digitalização é sem dúvida um dos mais impactantes para nossa sociedade. Da importância da educação a distância e do *home office* durante os duros períodos de *lockdown* ao protagonismo dos chamados metaversos, a tecnologia tem ajudado a moldar um novo perfil de cidadão e, por consequência, de consumidor. Este livro nos levará em uma jornada por esse período de transformação digital e mudança de mentalidade, que, no meu ponto de vista, nos abre muito mais oportunidades que ameaças. Mas precisamos nos preparar para elas, e, infelizmente, não temos muito tempo para isso.

Nos últimos 30 anos, minha trajetória profissional foi majoritariamente ligada às questões da entidade que atualmente presido, a Câmara de Dirigentes Lojistas de Belo Horizonte (CDL/BH), representante do setor de comércio e serviços da capital mineira. Somos responsáveis por 72% do PIB de Belo Horizonte e o nosso setor gera mais de um milhão de empregos em nossa cidade. Digo majoritariamente porque houve momentos em que passei pela gestão pública e convivi de maneira muito próxima com questões que envolvem o dia a dia de uma cidade.

Após essas experiências na iniciativa privada e no setor público, não vejo como tratá-las separadamente. Hoje, o propósito da CDL/BH é fazer de Belo Horizonte a melhor cidade para empreender e viver. Necessariamente, uma instituição que tem como um dos seus principais objetivos estimular o empreendedorismo e criar um ambiente de negócios mais atrativo para novos investimentos precisa ter atenções voltadas para todos os aspectos da administração de uma cidade.

Conheci Renato quando o termo "cidades inteligentes" tinha pouca frequência no vocabulário nacional. Ele foi uma das primeiras pessoas a despertar em mim a consciência de que é necessário, ao mesmo tempo, transformar o presente e planejar o futuro das nossas cidades. Nesta nova obra, Renato, como sempre muito instigante, se impõe ao desafio de formular o conceito de cidades inteligentes para o período pós-pandemia. Certamente, o livro não traz todas as respostas para estes novos tempos. Mas revela muitas dúvidas que vamos precisar elucidar para garantir um desenvolvimento sustentável para os nossos centros urbanos.

Temos a impressão de que estamos nessa "guerra" há muito tempo, mas se passaram pouco mais de dois anos desde o início da pandemia na China, no final de 2019. Estamos cansados, sim, mas desanimados, nunca. O pior já passou e estamos trabalhando fortemente na construção desse novo mundo.

Marcelo de Souza e Silva
Presidente da CDL Belo Horizonte

Sumário

Capitulo 1 - Introdução ao conceito *The Neural*© 10

Capitulo 2 - *Smart people* 34

Capitulo 3 - *Smart Living* 84

Capitulo 4 - *Smart Government* 132

Capitulo 5 - *Smart Economy* 176

Capitulo 6 - *Smart Environment* 216

Capitulo 7 - *Smart Mobility* 242

Conclusão 266

Agradecimentos 278

Índice Remissivo 280

Capítulo 1

Introdução ao conceito
The Neural©

Não é modismo: pandemia abre caminho para nova definição de *smart*

Desde o final da década de 1960, o mundo se acostumou com o termo *smart cities*, ou cidades inteligentes. Ao menos nos últimos cinco anos, cidades pelo mundo todo têm sido listadas e premiadas por tentar evidenciar seus avanços tecnológicos e, por consequência, quantificar a melhoria na qualidade de vida de seus cidadãos.

Tudo muito bonito, quase romântico, até chegarmos ao fatídico 2020, ano que será certamente lembrado para sempre como uma referência para entender a história da civilização humana.

Se eram tão inteligentes, por que então cidades como Nova York, Londres, Barcelona, Milão e Rio de Janeiro simplesmente entraram em colapso? Essa é uma das perguntas mais recorrentes entre os estudiosos do conceito *smart city*.

Vou dar um *spoiler* de um novo conceito de cidades inteligentes que vou publicar oficialmente em breve em parceria com meu colega e sócio, Ross McKenzie, e com a colaboração dos mais renomados especialistas mundiais de nosso setor, como:

- Jonathan Reichental (EUA), autor do best-seller *Smart Cities for Dummies*.
- Boyd Cohen (Espanha), idealizador do conceito *The Smart City Wheel*.
- Jorge Saraiva (Portugal), presidente da Rede Europeia de Laboratórios de Políticas Municipais.
- Paul Copping (Reino Unido), diretor de Tecnologia da Intelligent Merchant City, projeto em construção na Inglaterra.

Se os mais céticos já tinham argumentos afiados contra as "cidades inteligentes", acreditem, agora eles estão fazendo muito barulho mundo afora.

"As cidades inteligentes morreram."

"Não passava de um modismo."

"Era um conceito puramente comercial."

E por aí vai.

Fazendo uma análise simples e direta, puramente causa *versus* efeito, alguém poderia até estar pensando: será que dá para dizer que eles têm um pouco de razão? As cidades falharam, sim, mas a resposta também é direta: não!

O conceito de cidades inteligentes não era (ou é) um simples modismo, uma espécie de jogo de palavras. Éramos nós que não analisávamos da maneira correta por termos uma visão míope e simplória do conceito.

Smart city é sim um modelo acadêmico de caráter social aplicado e certamente muito mais complexo do que se desenhava.

Ele não deriva de uma relação causal, como pensavam algumas empresas globais no início da década de 1970 que simplesmente tentavam vender soluções tecnológicas para as cidades. A ideia era que bastava atuar na organização e no controle da gestão pública para resolver, ou pelo menos mitigar, os problemas urbanos.

Não era de todo errado e funcionou bem para a época, mas as cidades evoluíram e o conceito também. Todavia, ainda encontramos pessoas que pensam que cidade inteligente é sinônimo de uso de tecnologia.

Cidades inteligentes também não são modelos matriciais, teoria amplamente difundida a partir principalmente do ano 2000 e muito bem aceita antes da pandemia da Covid-19, afinal, fazia bastante sentido pelo seu certo grau de complexidade e elaboração.

Em termos práticos, estruturas matriciais são perfeitas para ilustrar as relações entre duas ou mais variáveis e, especialmente, para criar modelos, padrões que possam ser reaplicados.

E, assim, passaram-se mais de duas décadas em que o *benchmarking* era a principal ferramenta prática na implementação do "kit cidade inteligente".

Tanto o modelo causal quanto a tese das cidades como estruturas matriciais estavam certos em linhas gerais, mas não respondiam todas as questões. Fizeram parte da evolução, da jornada. Erguemos cidades que se diziam inteligentes, mas falharam, sucumbiram frente à primeira grande crise pandêmica de sua era.

Faltou resiliência, sim, não por ausência de planejamento ou entendimento do conceito, mas principalmente pelo erro no entendimento do sistema como um todo.

Nossas cidades, mais ou menos inteligentes, são ecossistemas dinâmicos, o que as classifica, na realidade, como modelos sofisticados de redes neurais.

Meu conceito *City SmartUp*, de 2016, já defendia uma nova perspectiva na modelagem das cidades inteligentes: a proposta era usar o modelo de gestão das *startups* no desenvolvimento de políticas e projetos de *smart cities*.

A metodologia foi aplicada com sucesso em cidades pelo mundo, inclusive no Brasil, e serviu de base para o novo conceito, cunhado ao longo dos últimos 18 meses e recém-apresentado, chamado *The Neural*©.

Para explicar a tese, iniciamos pela própria morfologia do termo *smart city*.

Em inglês, a palavra *smart* tem dois significados: o primeiro positivo, que remete a inteligente, contudo, também pode ser usado para designar esperteza em um sentido que pode ser até pejorativo. Por isso, muitos não gostam do termo.

Segundo a Oxford Languages, inteligência é a capacidade de compreender e resolver novos problemas e conflitos e de adaptar-se a novas situações, e podemos resumir a inteligência humana em três termos principais: raciocínio, resolução de problemas e aprendizado.

Sendo assim, parece realmente fazer sentido chamar esse processo de evolução (e revolução) urbana de cidade inteligente, concorda? Estávamos sim no caminho certo, porém, provavelmente com o mapa errado.

O conceito *The Neural*© defende que a inter-relação entre as diversas verticais da cidade — que chamaremos de pilares como saúde, educação, segurança e saneamento — e as tecnologias usadas para a resolução dos problemas urbanos é regida pelo modelo de redes neurais.

Exatamente como no cérebro humano, a inteligência urbana deriva da combinação entre o raciocínio e a análise lógica, a orientação dos projetos na resolução dos problemas e a capacidade de nossas cidades aprenderem com as experiências.

Também como no cérebro humano, as conexões neurais não acontecem necessariamente seguindo constantemente uma ordem sequencial, estandardizada e repetitiva. Pelo contrário, uma vez alterado qualquer elemento básico na inter-relação das variáveis, as conexões neurais se refazem, buscando um novo caminho, ratificando o modelo raciocínio-resolução-aprendizado.

Assim, evoluímos como espécie, e precisamente assim nossas cidades se tornam mais inteligentes.

Em termos práticos, o conceito *The Neural*© propõe seis camadas básicas para o entendimento e principalmente o desenvolvimento de projetos e políticas de cidades inteligentes:

1. *City* DNA (DNA da cidade).
2. As dimensões inteligentes.
3. As tecnologias fundamentais (ou de base).
4. Os pilares urbanos contemporâneos.
5. As tecnologias de ponta.
6. Casos de uso (*use cases*).

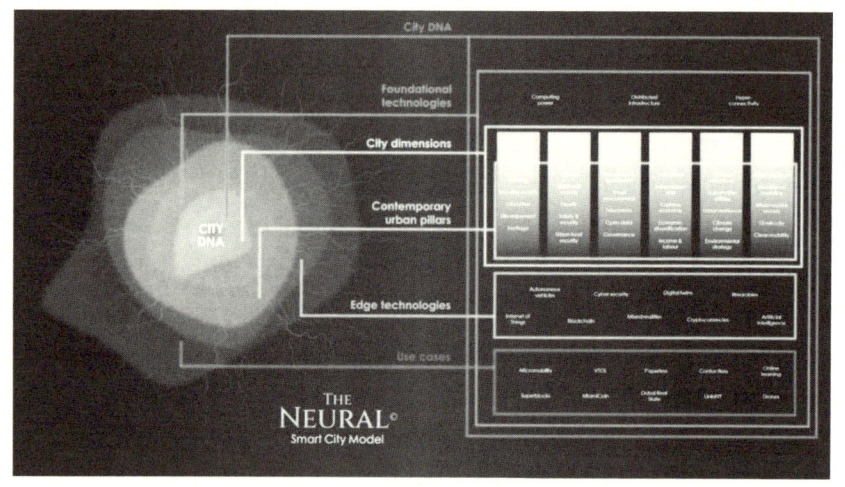

Modelo esquemático do conceito The Neural© concebido por De Castro e McKenzie (Dubai, 2021) **Imagem:** De Castro e McKenzie (Dubai, 2021)

Dois fatores importantes para compreender o conceito: o modelo deve ser aplicado sempre do centro (DNA da cidade) para as extremidades e, quanto mais externa a camada, mais volúvel ela é.

O centro é rígido, quase que imutável, enquanto as tecnologias de ponta e casos de uso variam conforme o contexto particular de cada cidade e reagem rapidamente às mudanças externas e ambientais.

Com esse novo modelo, começamos a entender por que muitos projetos de cidades inteligentes são um grande fracasso, não acha?

Projetos em que prefeitos e empresas focam na solução de problemas simplesmente tentando copiar casos de sucesso de outras cidades, sem levar em consideração os aspectos particulares do ecossistema local, já nascem fadados ao fracasso por não serem "à prova do futuro".

Políticas públicas e investimentos em tecnologias de base como conectividade, infraestrutura distribuída e capacidade computacional são fundamentais para o desenvolvimento de qualquer cidade inteligente, mas será que estamos fazendo? Será que não estamos colocando mais esforços em implementar um *app* com inteligência artificial ou um projeto-piloto de veículos autônomos para nossa cidade, em vez de garantir internet de qualidade para todos?

As *smart cities* são um fracasso mundial? Modismo?

Repito: não!

Eu acredito que simplesmente não entendíamos a profundidade e complexidade do tema.

Interessante, não acha? Vamos nos aprofundar em cada uma dessas seis camadas para entendermos melhor as tendências das *smart cities* na era pós-Covid-19.

Este texto foi originalmente publicado na coluna Renato de Castro, de Tilt.

Acesso direto

Entender a conexão dos cidadãos é a base das novas cidades inteligentes

VAMOS DISCUTIR A IMPORTÂNCIA DO DNA das nossas cidades no desenvolvimento das estratégias de *smart city*. Desenvolvi este texto com a colaboração de Max Leal, um brasileiro radicado em Portugal, grande especialista em *City Branding*, o desenvolvimento de marcas e posicionamento para cidades.

Sem dúvida, as cidades são um dos motores mais críticos na evolução de nossa civilização. Desde que percebemos que podíamos controlar e manipular a natureza, ainda na primeira revolução agrícola, também conhecida como Revolução Neolítica, começamos a dominar nossa vida social. Desde 4.500 a.C., a humanidade construiu todo o seu legado com base em uma única palavra: cidade.

Estamos agora enfrentando um novo momento crítico no desenvolvimento de cidades inteligentes no Oriente Médio.

A região, berço da primeira cidade de todos os tempos — a antiga cidade de Uruk, localizada no atual Iraque e distante apenas 1.600 quilômetros de Dubai — concentra a maioria dos projetos *greenfield* (explico o termo mais adiante) de cidades inteligentes do mundo.

Só a Arábia Saudita hospeda 17 projetos gigantescos, com um orçamento de investimento total de mais de US$ 500 bilhões.

Além disso, os projetos que floresceram ao longo da última década estão, finalmente, tornando-se totalmente operacionais.

Em tempos de pós-pandemia, em que crises econômicas e financeiras assombram o mercado global, a região é um verdadeiro oásis para o setor.

No entanto, ainda que as novas oportunidades sejam fáceis de constatar, um desafio original ainda precisa ser destacado: construir cidades inteligentes não se trata apenas de concreto, asfalto e aplicativos.

Grandes referências de projetos de novas cidades inteligentes construídas do zero, as chamadas *greenfields*, como Masdar City, nos Emirados Árabes Unidos, ou a cidade de Songdo, na Coreia do Sul, foram, até certo ponto, malsucedidas, principalmente, devido a um conceito errado de como "construir" uma cidade.

A lição aprendida foi a de que não basta investir enormes recursos financeiros em infraestrutura e tecnologia de ponta. É necessário também esforço para projetar e construir comunidades.

O modelo *City DNA*, localizado no núcleo do *The Neural*©, é inteiramente baseado na teoria *City SmartUp*, desenvolvida na Itália em 2016.

O conceito consiste na aplicação de uma mentalidade de gestão de *startups* para o desenvolvimento de políticas e projetos de *smart city*. Na prática, a ideia é afiar o *pitch* da cidade.

As pessoas têm uma conexão profunda com suas cidades, mais profunda e significativa do que com províncias, regiões ou países.

Entender o DNA da cidade e traduzi-lo em uma estratégia de desenvolvimento de uma cidade inteligente é fundamental para o sucesso de qualquer política ou projeto público.

Anteriormente, o sucesso de um projeto de cidade inteligente era uma questão de "lutar" por orçamento, por empréstimos a fundo perdido, por doações do governo federal ou de organizações internacionais. Mas esse jogo está quase acabando.

Os projetos acabaram por ser elaborados mais na tentativa de atender aos requisitos desses fundos do que na busca de soluções economicamente sustentáveis. As ideias contidas neles eram orientadas para as TIC (Tecnologias da Informação e Comunicação), em vez de centradas nas pessoas.

Não importa de que ponto de vista analisamos o conceito: as pessoas devem ser a essência, o núcleo de qualquer estratégia.

Os problemas nos centros urbanos estão aumentando devido à migração e concentração populacional. Soluções inteligentes estão sendo implantadas para melhorar a vida das pessoas.

Assim, a palavra "cidadãos", que significa qualquer pessoa, direta ou indiretamente relacionada com a cidade, como residentes e até visitantes, deve estar no centro da estratégia de cidade inteligente, seguida de perto pela sustentabilidade econômica.

Imagine se as nossas cidades fossem pessoas, com quem elas pareceriam? Seriam do sexo masculino, feminino, sem gênero? Seriam jovens promissores ou adultos experientes? Quais seriam seus traços relevantes do passado e como poderíamos descrever o futuro que as espera?

Parece bastante romantizado, mas é pura ciência aplicada.

Para entender a metodologia, vamos pegar Istambul como referência.

A antiga, bela e vibrante cidade da Turquia, antes chamada de Constantinopla, foi fundada há mais de 2.500 anos. Possui um vasto território de quase 2.600 quilômetros quadrados e uma enorme população de mais de 15 milhões de pessoas.

Apenas com alguns números, já é fácil entender seus desafios. Adicione à equação a mistura de religiões e a diversidade cultural da população, e chegaremos a uma matriz muito complexa.

Para fins criativos e olhando sob uma ótica de valorizar os atributos da cidade com a intensão de atrair investimentos externos, se Istambul fosse uma pessoa, esta seria uma das possíveis descrições que se encaixaria em um perfil, genérico, do povo de Istambul:

"Istambul é uma senhora elegante e corajosa, exaltada como uma das mais belas do mundo, com um passado famoso e glamoroso. Tem excelentes atributos: é honesta, organizada, chama a atenção dos outros e dá a impressão de que, por mais experiente que seja, ela ainda é fresca e vibrante e tem um futuro longo e brilhante pela frente."

Uma semana de imersão na cidade foi necessária para chegar a esta "descrição de persona" final, interagindo com os *stakeholders* locais em sessões de *brainstorming* e fazendo um mergulho profundo na rotina da cidade.

É fácil perceber que a essência, a história de Istambul, está embutida em sua persona, refletindo de certa forma seu DNA.

Uma vez definido, o modelo de DNA da cidade ajudará os políticos locais, formuladores de políticas públicas e a iniciativa privada, principalmente construtores e desenvolvedores de projetos urbanos, a enquadrar melhor as iniciativas de cidades inteligentes.

Uma ferramenta essencial que pode ajudar no mapeamento do DNA da cidade é a estratégia da persona, retratando os segmentos, grupos-alvo da cidade e auxiliando na definição dos arquétipos, padrões de comportamento que reconhecemos nos outros.

Esse conceito é amplamente utilizado em estratégias de marketing para entender o comportamento dos consumidores. No nosso caso, ele foi cuidadosamente adaptado para ser aplicado no *branding* da cidade.

Como *startups*, as cidades também precisam promover os projetos para obter o engajamento de todas as partes interessadas, os chamados *stakeholders*, sejam eles potenciais parceiros do setor privado ou os próprios cidadãos, contribuintes ansiosos por uma melhoria na qualidade de suas vidas.

O modelo de DNA da cidade pode ser aplicado ao planejamento urbano de novas cidades inteligentes, as *greenfields*, ou na requalificação das nossas cidades existentes.

A análise de DNA da cidade é a melhor maneira de começar a planejar projetos de cidades inteligentes. Ele servirá como uma diretriz para a estratégia de marca da cidade e atração de investimentos.

Por fim, o modelo de DNA da cidade também apoia a difícil tarefa de construção de comunidades e colabora para o aumento da percepção dos *stakeholders* em relação à evolução da cidade como uma *smart city*.

Por fim, anotem aí uma consideração importante que não me canso de repetir toda vez que estou com gestores públicos e políticos:

Não se trata do que estamos planejando, desenvolvendo e entregando à sociedade, mas, sim, do que é percebido no final pelos cidadãos.

Já vi vários projetos excelentes, super-relevantes e focados na resolução de problemas reais serem percebidos de forma negativa e se transformarem em verdadeiros pesadelos políticos.

Uma boa estratégia de comunicação, feita sob medida e com base no DNA da cidade, é fundamental para o sucesso de longo prazo de qualquer projeto de cidade inteligente.

Assim fechamos a primeira camada do novo conceito de cidades inteligentes chamado de *The Neural*©, que apresentamos no texto anterior.

Mais adiante, exploraremos as chamadas tecnologias fundamentais, ou de base, que são a hiperconectividade, a infraestrutura distribuída e a capacidade computacional.

Da nova geração de internet ⬈ via constelação de satélites da empresa Starlink do bilionário Elon Musk aos computadores quânticos, capazes de processar operações 100 milhões de vezes mais rápido que qualquer computador "clássico", muita novidade está chegando para ajudar nossas cidades a se tornarem mais inteligentes.

Este texto foi originalmente publicado na coluna Renato de Castro, de Tilt.

Acesso direto

Quer saber se você vive em uma *smart city*? Veja se estas seis áreas funcionam

Vamos explorar certamente um dos pontos mais polêmicos do conceito das cidades inteligentes: como estratificar a cidade para melhor compreendê-la. Estudiosos e pesquisadores pelo mundo vêm tentando apresentar teorias acadêmicas que visam mapear nossas cidades para facilitar o próprio entendimento e a aplicação dos conceitos de *smart city*.

Como já discutimos anteriormente em diversos textos, cidades são ecossistemas dinâmicos, estruturas vivas e complexas. Toda vez que tentamos simplificar para um entendimento mais universal, caímos na falácia de perder a visão do todo.

As conexões entre os diversos elementos da cidade não acontecem de forma matricial como pensávamos, mas sim no formato de redes neurais. *The Neural*©, lembra?

Lembre-se: estamos aqui tentando explicar por que nossas gloriosas e ilustres cidades inteligentes caíram durante a pandemia.

Nosso ponto de partida nessa jornada foi o DNA da cidade, que exploramos no texto anterior. Agora, precisamos estratificar nossa cidade para começarmos a entender o funcionamento dessas conexões neurais, assim como ocorre no nosso cérebro, onde temos 180 regiões em cada hemisfério, cada uma com sua função, mas funcionando juntas e com um nível altíssimo de interdependência.

No caso de nossas cidades, por incrível que pareça, uma das teorias mais completas na minha opinião é a chamada *The Smart City Wheel*, originalmente desenvolvida pelo grupo europeu de pesquisas em cidades inteligentes da Universidade de Tecnologia de Viena.

Segundo o conceito, para serem considerados realmente inteligentes, os municípios precisam avançar em seis campos: governo, economia, ambiente, vida, mobilidade e pessoas inteligentes.

Dentro deles, um conjunto de soluções precisa ser criado, adaptado ou replicado, e a colaboração e inovação inteligentes entre os principais *stakeholders* — governo, empresas privadas, instituições de ensino, terceiro setor e a sociedade civil organizada (principalmente os cidadãos) — são consideradas fundamentais para o sucesso dos indicadores.

Conhecida mundialmente pela revisão e interpretação feita por meu colega professor PhD Boyd Cohen, alguns projetos emblemáticos de cidade inteligente, como os de Hong Kong e de Singapura, foram fortemente influenciados por essa teoria que tem a simplicidade como seu caráter mais relevante.

De forma brilhante, os seus idealizadores conseguiram expressar todas as possíveis áreas funcionais de uma cidade em somente seis dimensões, e vamos brevemente explorar cada uma delas aqui.

Smart People (Pessoas)

Temos que lembrar que as cidades inteligentes são feitas para as pessoas e, por isso, é claro, elas estão no centro de qualquer estratégia desse tipo.

No *The Smart City Wheel*, a abordagem humana cobre diversas fases da vida, da escolha de carreira e oportunidades de trabalho ao aprendizado em diferentes faixas etárias e grupos demográficos.

Participação, mente aberta e criatividade são pontos cruciais no desenvolvimento pessoal, que também tem grande associação ao desenvolvimento econômico de determinada região.

Smart Living (Convivência)

A inclusão social e digital de todos é fundamental para que as ferramentas disponíveis sejam utilizadas de forma adequada e, assim, colaborem na melhoria da saúde, nos cuidados para idosos, na segurança, nas condições de habitação e nos edifícios inteligentes.

O uso em conjunto de novas tecnologias e metodologias visa a torná-las mais acessíveis e melhores, impactando a experiência do cidadão em todas as áreas.

Smart Government (Governo)

Trata sobre a conexão e interação entre todos, corporações e indivíduos, e os órgãos governamentais. Quanto mais conectados, mais dados de análise as autoridades têm para rever e aprimorar, se necessário, a abrangência, a qualidade e o escopo dos serviços que oferecem aos cidadãos e às empresas.

A ideia de "cidade como serviço", conceito que tem sido largamente aplicado aos serviços de tecnologia como *Software-as-a-Service* (SaaS), pode ser um importante aliado no aumento da eficiência, eficácia e transparência, o que reflete na confiança que diferentes *stakeholders* têm na municipalidade.

Smart Economy (Economia)

Tornar a economia mais forte é importante para todo o ecossistema. Assim, ao atrair investidores, empresas e talentos qualificados, a tendência é que a economia fique mais sólida e siga rumo ao crescimento e desenvolvimento.

Este pilar visa definir estratégias que suportem tais objetivos.

Smart Environment (Ambiente)

Além das pessoas, uma outra dimensão de extrema relevância é o ambiente inteligente.

O planejamento urbano que visa à melhoria da eficiência, à diminuição do impacto ambiental e ao aumento da resiliência ganha destaque ao tratar corretamente da redução de emissões, bem como o gerenciamento dela, gerenciamento de água, redução de uso de resíduos e alcance de eficiência energética com o objetivo de diminuir o impacto ambiental.

Smart Mobility (Mobilidade)

O deslocamento é um fator relevante tanto para os indivíduos em trânsito, que são impactados diretamente pelo tempo de deslocamento, por exemplo, quanto para a sociedade, afinal, ter uma mobilidade mais barata, rápida e ecológica acaba afetando diversos outros setores.

Ademais, o transporte multimodal integrado ainda é um desafio para as cidades e apoiar esse tipo de iniciativa, seja ela pública ou privada, é importante para que novas formas de transporte, como veículos movidos a hidrogênio e veículos autônomos, se desenvolvam e agreguem mais a todo o ecossistema.

Não é interessante notar que em algum momento todos os campos do *The Smart City Wheel* estão conectados de alguma forma? E é justamente isso que o *The Neural*© aborda de forma objetiva ao defender a inter-relação entre as diversas verticais da cidade, ou pilares urbanos, como chamamos no modelo, que compõem a quarta camada do modelo com as dimensões da teoria do professor Cohen.

Para entender em mais detalhes todas essas conexões, a seguir falaremos sobre a terceira camada do *The Neural*©, as tecnologias fundamentais (ou de base), que é composta por hiperconectividade, infraestrutura distribuída e capacidade computacional, essenciais para a construção de qualquer cidade inteligente.

Este texto foi originalmente publicado na coluna Renato de Castro, de Tilt.

Acesso direto

Não é só ter sinal: quais tecnologias vão guiar o futuro de nossas cidades?

Em setembro de 2021, trouxe para vocês um novo conceito, _The Neural_©, que propõe seis camadas básicas para o entendimento e desenvolvimento de projetos e políticas de cidades inteligentes. No texto anterior, falamos sobre o conceito _The Smart City Wheel_ e como ele traz uma abordagem mais realista para o desenvolvimento dessas camadas.

Entraremos agora na terceira camada do _The Neural_©, que sucede as dimensões da cidade, chamada de tecnologias fundamentais (ou de base). Esta etapa é essencial para a construção de qualquer cidade inteligente e é dividida em hiperconectividade, infraestrutura distribuída e capacidade computacional.

Vamos explorar um pouco mais cada uma delas a seguir.

1. Hiperconectividade

Já parou para pensar com que frequência você tem um dispositivo conectado à internet a sua disposição? Ou, ainda, quantas vezes você utiliza seu celular para navegar, falar com um conhecido ou utilizar um aplicativo?

Se você está curioso, alguns aparelhos já têm um software que mede quanto tempo você fica online, mas esse não é nosso foco aqui. Vamos falar sobre conexão nos dias de hoje e no futuro.

Antes de pensarmos em um aplicativo (*app*) para um município, devemos nos perguntar o quão conectada a população está, afinal, de nada adianta você ter uma solução inovadora e eficiente se ninguém tem acesso a ela.

A internet permitiu que novos serviços fossem criados e outros mais antigos fossem barateados, e não precisamos voltar muito no tempo para constatar isso.

Por volta dos anos 2000, as ligações telefônicas ainda eram fortemente baseadas em sistemas analógicos que transmitiam seus pulsos por meio de cabos submarinos que hoje já estão defasados. Por isso, uma ligação entre um país na Europa e o Brasil era ainda extremamente cara.

Hoje, não só a grande maioria das chamadas telefônicas são feitas via internet (VOIP) como, também, nós temos programas e aplicativos que nos permitem nos conectarmos diretamente uns aos outros, como é o caso do Zoom, Teams e WhatsApp.

Os que viveram a década de 1990, como eu, devem se lembrar do esforço que era para se conectar à internet e abrir um site. Chamadas de áudio e vídeo eram praticamente impossíveis, pois os modems que utilizavam a linha telefônica como base para conexão atingiam a incrível velocidade de 56 Kb/s.

Se você não pegou essa época, alguns sites chegavam a levar alguns minutos para carregar. Sim, éramos pacientes.

Voltando aos tempos de hoje, a banda larga permitiu que modelos de negócio evoluíssem, como o aluguel de filmes, que passou a ser via streaming, por exemplo, e a pandemia nos mostrou o quão valioso é não só estar conectado, mas ser o *link* dessa conexão.

Como comentamos em um texto anterior, no pico dos casos de Covid-19, em maio de 2020, o Zoom atingiu um valor de mercado equivalente às sete maiores companhias áreas do mundo juntas.

Vocês devem se lembrar, ainda, que muitos países permitiram que somente serviços essenciais fossem executados durante os *lockdowns*, e lá estavam os profissionais de telecomunicações lado a lado com as ambulâncias que atendiam à população.

O bilionário Elon Musk é um dos que apostam na hiperconectividade, tanto é que uma de suas empresas, a Starlink, tem um modelo de acesso à internet via satélite acessível. Isso só é possível pois o serviço, que já está disponível em 17 países na versão beta, utiliza uma rede de milhares de "mini" satélites que está 60 vezes mais próxima da Terra do que os satélites tradicionais.

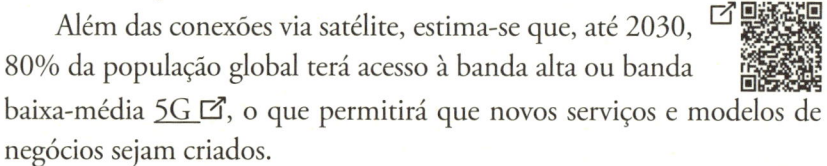

Além das conexões via satélite, estima-se que, até 2030, 80% da população global terá acesso à banda alta ou banda baixa-média 5G, o que permitirá que novos serviços e modelos de negócios sejam criados.

A hiperconectividade deve influenciar principalmente as indústrias farmacêutica, de transporte e logística, automotiva, eletrônica, da informação e das telecomunicações.

2. Infraestrutura distribuída

Nos primórdios da computação, o armazenamento de dados era feito em cartões de papéis que eram perfurados de modo que cada sequência de furos correspondia a um tipo de informação. Era necessário ter uma sala para somente um computador e, muitas vezes, outra para armazenar os dados gravados.

De lá para cá, a evolução tecnológica foi tão grande que o celular que levamos no bolso tem mais capacidade de armazenamento que a Apollo 11, que levou os primeiros astronautas até a Lua. Mas nós nem ao menos precisamos processar informações localmente hoje.

A computação em nuvem ⌐ (*cloud computing*), que era timidamente utilizada há alguns anos, teve uma reviravolta durante o ano passado e este ano e passou a fazer parte do cotidiano de milhões de pessoas em todo mundo.

Segundo o estudo *Tech-Trends-Executive Summary 2021*, da renomada empresa de consultoria McKinsey & Company, 75% de todos os dados gerados por empresas serão processados via *edge* ou *cloud computing* até 2025, o que deve fazer com que a demanda por infraestrutura de TI local caia e a procura por desenvolvimento de software aumente.

Nesse cenário, a infraestrutura distribuída influenciará principalmente as indústrias automotiva, da informação e das telecomunicações.

3. Capacidade computacional

Diferentemente das duas primeiras tecnologias, aqui não falamos de infraestrutura, mas sim de um facilitador, ou como dizemos em inglês, um *enabler*.

Se pararmos para comparar os computadores de hoje com os do século passado, nada mudou em termos conceituais: todos utilizam a lógica binária (0 ou 1) para processar informações e comandos. Contudo, a computação quântica tem ganhado cada vez mais espaço para além dos laboratórios de testes.

Em vez de ser baseada no sistema binário, a computação quântica trabalha com átomos, fótons ou partículas subatômicas, o que abre portas para que atividades complexas sejam executadas em períodos cada vez menores.

Enquanto em computadores tradicionais a passagem de corrente elétrica determina o que será feito, os quânticos verificam a polarização de um fóton, níveis de energia de um aglomerado de átomos, entre outros.

Nada mais é do que ciência pura dentro da computação, o que permite que operações sejam realizadas 100 milhões de vezes mais rápidas do que qualquer computador "clássico".

Estima-se que em 2035 o mercado da computação quântica valerá mais de US$ 1 trilhão e a fusão de ciência e tecnologia não para por aí.

O chip neuromórfico passou a ganhar mais notoriedade agora e foi desenvolvido com base em como o cérebro humano processa informações, ou seja, diferentemente dos chips que utilizávamos até agora, os neuromórficos interpretam dados e respondem de maneiras que não são especificamente programadas.

São a inteligência artificial e os sistemas de *deep learning* e *machine learning* aplicados diretamente no centro de processamento de uma máquina que influenciarão principalmente as indústrias farmacêutica, química, eletrônica, da informação e das telecomunicações e permitirão altos níveis de personalização, a quebra de boa parte dos algoritmos de criptografia que temos hoje e a difusão de veículos autônomos.

Imaginem, agora, quando essas três tecnologias se cruzarem em nossas cidades com outras como inteligência artificial, internet das coisas e *digital twins*. É muita novidade chegando para ajudar nossas cidades a se tornarem mais inteligentes!

Fique de olho, pois neste livro vamos explorar os pilares urbanos contemporâneos.

Prepare-se para muita novidade e discussão pois eles são trinta no total.

Este texto foi originalmente publicado na coluna Renato de Castro, de Tilt.

Acesso direto

Capítulo 2

Smart people

Começamos a análise das seis dimensões do modelo *The Neural*© pela que, na mina opinião, é a mais importante de todas: as pessoas. É muito importante lembrarmos sempre que cidade inteligente não é simplesmente o uso de tecnologia, como muitos pensam. Pelo contrário, tecnologia é somente um recurso acessório, um impulsionador de todo o processo. Precisamos de tecnologia, principalmente das tecnologias de ponta, como já vimos, mas, quando falamos de cidades, estamos necessariamente falando de pessoas.

Segundo o dicionário online *Michaelis*, cidade é "grande aglomeração de pessoas em uma área geográfica circunscrita, com inúmeras edificações, que desenvolve atividades sociais, econômicas, industriais, comerciais, culturais, administrativas etc.".

Já o conceito *Smart City Wheel*, que deu origem à escola europeia de cidades inteligentes, define a dimensão *smart people*, ou "pessoas inteligentes" como "formas inteligentes de educação para facilitar escolhas de carreira, oportunidades no mercado de trabalho, treinamento vocacional e aprendizado ao longo da vida para todas as faixas etárias e demografias. O desenvolvimento de talentos também é um aspecto importante do ponto de vista do desenvolvimento econômico como um fator de localização cada vez mais importante. Participação, mente aberta e criatividade são alguns aspectos que são ativados ou alimentados pela implementação de soluções inteligentes".

O novo modelo *The Neural*© considera cinco pilares urbanos contemporâneos para a dimensão das pessoas, são eles:

I. **Desenvolvimento de comunidades**
II. **Sociedade inclusiva**
III. **Educação**
IV. **Patrimônio e herança histórica**
V. **Aproveitar a vida (*life enjoyment*):**

Neste capítulo, discutiremos e analisaremos cada um desses pilares por meio de *cases* e histórias reais de projetos e políticas públicas desenvolvidas durante minha experiência à frente da força-tarefa de educação para o governo italiano durante a pandemia da Covid-19.

Pensar em cidades inteligentes é pensar no ser humano como um todo e é exatamente por aqui que começamos nossa jornada.

"Pessoa inteligente" é quem vive em *smart city*? Sim, e esta é a sua cara

O QUE FAZ UMA CIDADE MAIS INTELIGENTE? Essa pergunta não é original, mas continua sem uma resposta unânime. Infelizmente, muitos continuam acreditando que a chamada inteligência urbana vem necessariamente da tecnologia.

Se você já acompanha minha coluna há bastante tempo, sabe que eu não acredito nessa tese e que, inclusive, em diversos textos anteriores tivemos a oportunidade de discutir sobre projetos em que a solução do problema nasceu exatamente da falta de recursos para implementar uma tecnologia específica, como no caso de Kamikatsu, no Japão, que está prestes a ser a primeira cidade do mundo a receber o título de "lixo zero".

Com ou sem o uso de tecnologia, todos os projetos de cidades inteligentes têm um objetivo em comum: a melhora da qualidade de vida das pessoas. É isso que iremos abordar agora no nosso modelo *The Neural*©.

A quarta camada do modelo é composta pelos pilares urbanos contemporâneos. Também conhecidos como verticais da cidade, os pilares dizem respeito às áreas específicas de cada uma das dimensões. Lembra-se delas?

- Pessoas (*smart people*)
- Convivência (*smart living*)
- Governo (*smart government*)
- Economia (*smart economy*)
- Meio Ambiente (*smart environment*)
- Mobilidade (*smart mobility*)

Os pilares podem ser planejados, analisados e medidos por seus indicadores de performance (KPIs). Como estamos falando de melhoria da qualidade de vida, começaremos pela dimensão *smart people*, claro.

Os pilares que compõem a dimensão "pessoas" podem servir de base para a criação de políticas públicas e estratégias de negócios.

Para a formulação do modelo *The Neural*©, foram levados em consideração três elementos principais:

1. Os três conjuntos de indicadores das ISOs: ISO 37120:2018, cidades e comunidades sustentáveis – indicadores de serviços municipais e qualidade de vida; ISO 37122:2019 – indicadores para cidades inteligentes; e ISO 37123:2019 – indicadores para cidades resilientes.

2. Os Objetivos de Desenvolvimento Sustentável (ODS) das Nações Unidas, uma agenda mundial composta por 17 objetivos e 169 metas a serem atingidos até 2030.

3. Análises preliminares dos impactos da pandemia da Covid-19 na vida urbana mundial, baseadas no conceito da Economia Km 4.Zero ↗.

Como vimos em um texto anterior, as cidades inteligentes são feitas para as pessoas e, por isso, é claro, elas devem estar no centro de qualquer estratégia. O modelo *The Neural*© aponta cinco pilares urbanos que são cruciais no quesito *smart people*:

I. Desenvolvimento de comunidades

Durante anos, temos investido na construção de novas cidades como solução para o crescimento da população urbana, porém cidades não são feitas somente de asfalto, concreto e vidro.

Ao buscar exemplos mundiais de cidades inteligentes, muitas vezes nos deparamos com projetos chamados *greenfield*, que são regiões construídas do zero, como é o caso de Songdo, na Coreia do Sul, Masdar, nos Emirados Árabes Unidos, e Lusail, no Catar.

Algumas delas ainda estão em processo de construção, como o caso Neon City, um dos gigaprojetos bilionários da Arábia Saudita, e até no Brasil já temos cidades ou novos distritos sendo construídos no modelo *smart city*, como o projeto de Laguna, no interior do Ceará.

Atrair e reter pessoas em novas cidades e, por fim, criar comunidades têm sido o grande desafio urbano da atualidade.

Apesar de as *greenfileds* terem tudo pensado minuciosamente na teoria e implementado com rigor na prática — da infraestrutura de telecomunicações ao sistema integrado de transporte público —, muitas são consideradas verdadeiros fracassos por não despertarem nos residentes o sentimento de pertencimento, de comunidade.

Recentemente, a crise mundial de Covid-19 destacou a importância do processo de comunidade e acelerou a tendência do conceito da economia Km 4.Zero ⧉, citado anteriormente, visando recuperar ou diminuir os efeitos que a economia sofreu com a pandemia ao trazer um novo paradigma, combinando o superlocal (Km Zero) com o hipertecnológico (4.0).

II. Sociedade inclusiva

As desigualdades sociais são um tema recorrente nas discussões do processo de evolução das nossas cidades e isso não depende do tamanho delas, pois muitas vezes a origem é a própria formação: pessoas que migram têm cada vez menos chances reais de uma ascensão social e o mesmo ocorre com grupos minoritários da sociedade, historicamente discriminados.

Criar cidades mais inteligentes significa necessariamente criar municípios melhores para todos e os ODS das Nações Unidas abordam esse tema, relacionados a pessoas, em pelo menos quatro objetivos:

- Objetivo 1 ⧉ - Erradicação da Pobreza: acabar com a pobreza em todas as suas formas, em todos os lugares.

- Objetivo 5 ⧉ - Igualdade de Gênero: alcançar a igualdade de gênero e empoderar todas as mulheres e meninas.

- Objetivo 10 ⧉ - Redução das Desigualdades: reduzir a desigualdade dentro dos países e entre eles.

- Objetivo 16 ⧉ - Paz, Justiça e Instituições Eficazes: promover sociedades pacíficas e inclusivas para o desenvolvimento sustentável, proporcionar o acesso à justiça para todos e construir instituições eficazes, responsáveis e inclusivas em todos os níveis.

III. Educação

Toda vez que iniciamos um debate sobre as responsabilidades básicas do poder público que afetam, entre outros, a inclusão, chegamos à tríade educação, saúde e segurança.

Para alguns, ainda existe uma dúvida de qual deveria ser a prioridade, mas essa questão já foi debatida e resolvida ao longo dos últimos 2.500 anos por grandes filósofos:

"Educai as crianças para que não seja necessário punir os adultos."

Pitágoras (500 a.C.)

"Só a educação liberta."

Epiteto (130 d.C.)

"É no problema da educação que assenta o grande segredo do aperfeiçoamento da humanidade."

Immanuel Kant (1750 d.C.)

Educação é fundamental para o desenvolvimento de qualquer estratégia de *smart city*, e podemos encontrar um total de 13 indicadores específicos dela nas normas ISO da série 37100 — seis referentes a serviços municipais e qualidade de vida; três indicadores para cidades inteligentes; e quatro indicadores para cidades resilientes.

Além disso, também temos um Objetivo de Desenvolvimento Sustentável específico para educação:

- Objetivo 4 - Educação de Qualidade: assegurar a educação inclusiva e equitativa de qualidade, e promover oportunidades de aprendizagem ao longo da vida para todos.

IV. Patrimônio e herança histórica

Com foco em crescimento mais acelerado e, principalmente, pela influência dos estilos de vida ocidentais, especialmente o americano, fatores históricos e culturais têm sido negligenciados nas discussões de cidades inteligentes. Mas eles passam a ganhar cada vez mais espaço no momento que estamos vivendo.

Não estamos falando necessariamente de cultura aqui, até porque cultura não é abordada na dimensão das pessoas (*smart people*), mas sim em convivência (*smart living*).

Você deve se lembrar que já discutimos a importância do mapeamento do DNA da cidade em um texto anterior ⃗ e, agora, é hora de introduzi-lo no desenvolvimento das estratégias e políticas de seu projeto de cidade inteligente.

Vamos tomar como exemplo os Emirados Árabes Unidos, que têm o árabe como língua oficial e como disciplina obrigatória nos primeiros 10 anos de escola de qualquer pessoa que lá esteja.

Apesar da obrigatoriedade do ensino do idioma, a esmagadora maioria das escolas são em inglês e, assim, o contato com a língua materna do país é reduzido a menos de duas horas semanais, a habilidade de escrita tem se perdido e, com ela, a história e o sentimento de pertencimento à sociedade local.

Esse resgate das origens, com a valorização do patrimônio material e imaterial local, tem se tornado uma preocupação recorrente em diversos países, dos pequenos aos continentais.

Se por um lado a promoção de uma sociedade diversificada é importante para a economia, por outro, a valorização da herança histórica é fundamental para a manutenção da identidade de uma cidade e para o estímulo do sentimento de pertencimento.

V. Aproveitar a vida (*life enjoyment*)

Por fim, entramos em um tema que tem ganhado muita relevância nos últimos tempos: a felicidade.

Além de polêmico, ele é bastante subjetivo e sua definição varia conforme a ótica de análise. Para Freud, felicidade é um instinto de todo ser humano de buscar o prazer e tentar evitar o sofrimento. Já a definição do dicionário Oxford é que felicidade é o estado de prazeroso contentamento da mente; profundo prazer ou contentamento com as próprias circunstâncias.

Se considerarmos que a melhora da qualidade de vida nas cidades é o principal objetivo de qualquer projeto de cidade inteligente, o termo felicidade sempre esteve presente em iniciativas desse tipo.

Embora haja uma grande dificuldade de como mensurar esse indicador, é sim possível fazê-lo e já temos até casos de sucesso na implantação de estratégias de felicidade.

Um dos primeiros projetos bem-sucedidos em relação ao uso da felicidade como política de Estado foi lançado em 2016 pelos Emirados Árabes Unidos (EAU).

O Programa Nacional de Felicidade e Positividade (posteriormente renomeado para Programa Nacional de Felicidade e Bem-Estar), coordenado pelo Ministério da Felicidade, conta com um índice para medir a satisfação das pessoas em três áreas:

1. Inclusão da felicidade nas políticas, programas e serviços de todos os órgãos governamentais.
2. Promoção do bem-estar e felicidade como estilo de vida na comunidade, tanto para os nacionais quanto para os estrangeiros e visitantes.
3. Desenvolvimento de *benchmarks* e ferramentas para medir a felicidade.

O modelo *The Neural*© também traz a felicidade como um dos seus indicadores, entre outras maneiras, se apoiando no quesito recreação da série ISO 37100 para o desenvolvimento de estratégias *smart city*.

É importante darmos bastante atenção a esse ponto, pois, embora posicionado na dimensão "pessoas" (*smart people*), ele é um dos mais transversais de todos os 30 descritos no modelo e é influenciado pelas outras cinco dimensões (convivência, governo, economia, meio ambiente e mobilidade).

Como sua cidade está lidando com essas verticais? Você consegue identificar estratégias e políticas públicas claras para todos esses cinco pilares do novo modelo?

O ano de 2022 será importante para o país, pois teremos eleições, então, é o momento propício para trazermos esses temas para as discussões públicas, não acha?

Este texto foi originalmente publicado na coluna Renato de Castro, de Tilt.

Acesso direto

Pandemia leva cidadezinha a aderir à alfabetização digital e nova economia

Tenho acompanhado de perto a evolução da pandemia da Covid-19 no Brasil. Esse momento de abertura que o país está vivenciando, pelo menos aqui de fora, parece não condizer muito com os números oficiais e não oficiais da evolução da pandemia. Aqui na Itália, ainda estamos no processo gradativo de abertura, mas com números supercontrolados e acompanhados diariamente pelo governo e pela sociedade. Gostaria de compartilhar como estamos preparando nossas cidades para esse "novo normal" de que muitos falam.

Após a criação da *fanpage* Smart School Veneto ↗, sobre a qual discuti em outro texto ↗, o programa econômico de retomada nasceu como a primeira resposta estruturada oficial à crise econômica gerada pela pandemia e foi dividido em três fases: alfabetização digital, marketplace digital e suporte econômico para as empresas locais e promoção do empreendedorismo e da inovação ↗.

Fase 1 – Alfabetização digital

Focada em pequenos empresários do município, mas disponível a todos, foi criada a Rovolon Digital Academy, uma academia local, digital e 100% online com cursos rápidos de atualização ou, para muitos, literalmente alfabetização nas diversas ferramentas disponíveis na internet ↗.

Com o pressuposto de que a alienação digital se dá mais pelo receio do que não se conhece do que por convicção pessoal, o desafio era claro desde o início: como chamar a atenção e conseguir o engajamento de uma comunidade tradicional que se conhece por nome e sobrenome e que é extremamente acostumada ao contato físico?

A estratégia foi focar na criação de conteúdo 100% na comunidade local. Para isso, um influenciador digital (*youtuber*) foi contratado para criar tutoriais em vídeo que levassem em consideração os aspectos da cultura e tradição da região, tudo em uma linguagem acessível a todos, dos *dummies* aos superveteranos.

Para criar uma sensação de rotina quando estamos em casa 24 horas por dia, sete dias por semana, definimos uma agenda para que o conteúdo fosse publicado. Assim, as aulas acontecem todas as segundas e quartas, às 19h (horário de Milão), e os vídeos têm uma duração média de 20 minutos.

O projeto teve início com o curso de Facebook ↗, seguido por Instagram ↗ e WhatsApp ↗ para negócios, tudo publicado na *fanpage* seguindo o formato *premiere*, que permite enviar e agendar vídeos pré-gravados para transmissão em uma página da rede social, o que agrega os benefícios do Facebook Live com conteúdo mais selecionado. Para tirar dúvidas dos cidadãos-alunos-seguidores, uma vez por semana era realizada uma aula ao vivo.

A comunicação foi toda feita pelo grupo do Facebook e contou com o recurso "Obter lembrete", pelo qual, quando inscritos, os interessados recebem uma notificação vinte minutos antes da transmissão.

Fase 2 - Mercado digital Km Zero
www.rovolondigitale.it

Para incentivar a gradual reabertura da economia, foi criado um *marketplace* digital com promoções das empresas do município. Disponível gratuitamente tanto para quem oferece quanto para os consumidores por meio de uma parceria com a plataforma Billetto, da Dinamarca, as ofertas seguem uma lógica de eventos: precisam ter escopo, datas definidas e uma quantidade total pré-estabelecida por quem oferece os produtos e/ou serviços.

A ideia foi criar uma rede local de ajuda mútua, onde de um lado estão cidadãos conclamados por consumir localmente e ajudar as empresas da cidade na retomada econômica, e na outra ponta estão as companhias que oferecerem preços mais acessíveis ajudando, assim, a comunidade que teve uma perda significativa no seu poder de compra. O conceito é literalmente vizinho que ajuda vizinho.

O projeto foi desenhado para que o desconhecimento digital não fosse uma barreira no processo, então, cada empresário interessado precisou preencher somente um formulário inicial, que varia conforme o setor econômico, e toda produção do conteúdo digital ficou sob responsabilidade da equipe do projeto.

O setor turístico-gastronômico (restaurantes e produtores de vinho), que é muito forte na região e foi um dos mais impactados pela pandemia, foi o primeiro a ingressar na plataforma, no dia 27 de abril. O prato de massa, carnes grelhadas e batata frita, que geralmente custa 20 euros, estava sendo oferecido por 15 euros. Embora a entrega fosse gratuita em um raio de 15 quilômetros, aqueles que optassem por retirar a refeição diretamente no restaurante ganhavam uma garrafa de vinho local.

O resultado foi excelente: as vendas cresceram mais de 400% se comparadas às semanas anteriores, quase atingindo os tempos de "normalidade". Embora toda iniciativa tenha surgido no universo online, a maior parte dos pedidos foi realizada por telefone, o que demonstra que, apesar de os munícipes ainda não terem a confiança para realizarem transações online, eles seguem o que acontece nas redes sociais ⌐ e reagem positivamente às promoções.

Atualmente, restaurantes, açougues, padarias, papelarias, produtores de vinho, lojas de calçados e serviços de jardinagem são algumas das atividades que estão disponíveis na plataforma e, em breve, elas poderão realizar as vendas e receber os pagamentos online também.

Como o projeto não teria nenhum tipo de monetização direta, a prefeitura, ou alguém indicado por ela, deveria assumir o gerenciamento do sistema após a fase de testes. Com o objetivo de deixar um legado digital para toda a cidade, em contrapartida, pedimos que as empresas acompanhem os cursos da Rovolon Digital Academy (da Fase 1) e desenvolvam e mantenham ativos seus perfis comerciais nas principais redes sociais.

As duas fases iniciais tiveram um custo total de implementação e gestão de 5 mil euros (cerca de R$ 30 mil) que foram pagos por duas empresas privadas, a título de patrocínio. Apesar de não ter investido nas duas primeiras fases, a prefeitura teve papel fundamental na chancela e promoção do projeto por meio da prefeita, que participou ativamente da implementação.

Fase 3 – Suporte econômico e incentivo ao empreendedorismo e à inovação

As previsões econômicas para o pós-Covid-19 na Itália são de dimensões catastróficas. Segundo a Fipe-Confcommercio (Federação Italiana de Exercícios Públicos) — associação líder no setor de restaurantes, entretenimento e turismo, no qual operam mais de 300 mil empreendimentos —, o bloqueio imposto às empresas pode levar à falência mais de 50 mil negócios italianos e os que "sobreviverem", principalmente os pequenos, terão que se reinventar para este novo mundo.

Visando às oportunidades que surgirão após a pandemia, a prefeitura decidiu investir pesado no empreendedorismo local e estabeleceu quatro ações principais:

Incentivo às novas empresas

A prefeitura arcará com todos os custos de abertura e contabilidade de empresas individuais simples, chamado de regime forfetário, equivalente aos MEIs (microempreendedores individuais) no Brasil, durante os seus 12 primeiros meses e também garantirá os custos e a gestão operacional para seu fechamento em qualquer momento dentro de um ano, se necessário. A mensagem ao cidadão é simples: quer tentar um futuro diferente e apostar? Nós estaremos com você do início ao fim!

A ação, que é aberta a todos, residentes ou não no município, também visa retirar da informalidade atividades antes consideradas menores, como babás e freelancers de serviços digitais.

Em virtude do cancelamento das aulas presenciais na Itália até setembro, a demanda por babás está grande e só tende a crescer. Para apoiar famílias que têm crianças até 12 anos, o governo federal oferece um auxílio de 600 euros para contratação de profissionais que ajudem nas atividades diárias, como babás, mas os custos precisam ser comprovados por meio de notas fiscais. A formalização da profissão também colabora com a capacitação dos profissionais em primeiros socorros.

Coworking

Para dar um suporte mais efetivo aos cidadãos-empresários, o município iria inaugurar no final de junho de 2020 o primeiro espaço *coworking* 100% público e gratuito dentro da própria prefeitura, o COlliWORKING. Além de oferecer um espaço físico para trabalho com internet de alta velocidade e diversos programas de capacitação, a ação também colaboraria com uma mudança de mentalidade, afinal, estamos falando de uma cidade do interior, ultratradicional, de somente cinco mil habitantes. Infelizmente, não foi possível seguir adiante com o projeto por causa da pandemia.

Apoio financeiro

A prefeitura vai estender aos novos negócios todos os incentivos que já estavam disponíveis às empresas estabelecidas antes da crise, como as linhas de financiamento a "custo zero". Oferecidas por um banco regional, o empresário fica responsável pelo valor emprestado, e os juros do empréstimo são pagos pela prefeitura.

Parcerias estratégicas

Para complementar as diversas estratégias do programa Economia KM 4.Zero, a prefeitura iniciou diversas tratativas para o fechamento de parcerias estratégicas. Entre elas, podemos citar o projeto Rovolon Summer School. Trata-se do planejamento, coordenação e execução de uma escola de verão com dois objetivos principais: auxiliar as famílias do município na gestão dos seus filhos durante os três meses de férias escolares (junho, julho e agosto) e ao mesmo tempo gerar receita para empresas locais e cidadãos desempregados.

Para o projeto, a prefeitura fechou um convênio com o Frassanelle Villa Papafava, um parque privado, e com o Frassanelle Golf Club. O projeto teve início na segunda-feira, dia 15 de junho de 2020, e ficou em operação durante os três meses de verão. Os dois locais receberam um total de cerca de 100 crianças para atividades lúdicas, esportivas, pedagógicas e educacionais, entre as 9h e 16h30.

Também foram realizadas oficinas de história da arte, educação física e música, além de aulas de inglês e de reforço escolar, em parceria com a secretaria regional de educação, e duas oficinas especiais de tecnologia: o grupo de programação, em parceria com a TechStation Padova e a Escola Apple, em cooperação direta com a Apple Itália.

Por fim, todas as crianças terão uma programação especial de aulas de golfe que acontecerá três vezes por semana durante toda a duração da escola de verão.

Este texto foi originalmente publicado na coluna Renato de Castro, de Tilt.

Acesso direto

Supermercado italiano marca lugar de cliente para reduzir contágio na fila

DE UM LADO, UMA POPULAÇÃO COM GRANDE RESTRIÇÃO de mobilidade e contato social, mas que precisa se abastecer com itens básicos como alimentos e produtos de saúde. De outro, supermercados e o comércio em geral, que devem respeitar uma série de normas durante a quarentena por causa da epidemia do <u>coronavírus</u>. Mas estes também devem lutar pela sobrevivência em um cenário em que os clientes podem não aparecer ou podem surgir aos montes em uma corrida desesperada por abastecimento.

Como conciliar esses dois lados em uma situação de emergência como a que a Itália viveu em 2020? Uma resposta pode estar na experiência de um supermercado em Rovolon, na região do Vêneto.

Fabio Beggiato, proprietário da loja da rede Carrefour Market, adotou medidas simples para agir durante a quarentena. Segundo as normas impostas pelas autoridades, as pessoas deviam manter uma distância mínima de um metro entre elas para minimizar os riscos de contágio. O procedimento era válido nos estabelecimentos de comércio de alimentos, como supermercados.

Assim, em todos os balcões do supermercado onde o cliente devia aguardar para ser atendido por um funcionário, havia uma marcação no piso com um "X" mostrando onde a pessoa devia ficar respeitando a distância de um metro em relação ao próximo cliente. A marcação também estava presente na fila do caixa.

Um funcionário também controlava a entrada dos clientes para que não houvesse excesso de pessoas dentro da loja, ampliando o risco de contaminação. Por causa dessa restrição, Beggiato recomendava que apenas uma pessoa por família fosse ao supermercado, para que não houvesse o risco de uma família tomar o lugar de outro cliente que necessitasse fazer compras.

Os funcionários também deveriam respeitar algumas regras. Eles deveriam trabalhar com máscaras e luvas. A regra de distância de um metro também era válida para eles. Por isso, estava proibido formar pequenos grupos de trabalhadores.

Mas tudo isso não poderia ser resolvido pelo serviço de delivery contratado pelo site do supermercado? Bem, o pequeno supermercado do interior da Itália não tem site, o que deve ser uma situação bastante semelhante à de mercados de bairros ou de pequenas cidades brasileiras.

A solução encontrada, então, foi usar WhatsApp, e-mail e telefone para atender os clientes e, em especial, os idosos. "Eles poderiam ter mais dúvidas em usar uma tecnologia como a internet", diz Beggiato. Os detalhes de funcionamento do serviço são divulgados em folheto distribuído no supermercado.

O serviço de entrega de compras foi uma medida excepcional. Ele foi criado apenas por causa da epidemia de coronavírus. Por isso,

Beggiato calculou que seria capaz de fazer 15 entregas por vez. "Se mais pessoas pedirem pelo serviço, não vou conseguir atender." O delivery se destina a localidades distantes até 10 km do supermercado.

Toda essa estrutura foi criada para resolver um problema atual e emergencial de forma simples e eficaz. Não há um plano para o supermercado abrir uma loja virtual ou um site para fazer comércio online.

Todas as informações foram compartilhadas com moradores da região em uma *live* realizada na página Smart School Veneto, no Facebook.

Até o momento, não houve em linhas gerais registro de desabastecimento. Os produtos têm chegado ao supermercado e as prateleiras estão cheias.

Este texto foi originalmente publicado na coluna Renato de Castro, de Tilt.

Acesso direto

Coronavírus mostra que alunos dentro de sala de aula é modelo ultrapassado

Todos acompanhamos o desenrolar da proliferação do coronavírus pelo mundo. Além do claro problema de saúde pública, essa crise global tem afetado economias e até mesmo o aprendizado de futuras gerações e profissionais. A Itália, onde eu moro, foi um dos países com mais óbitos ligados ao vírus e também um dos que tiveram mais casos da infecção no mundo. Como medida para evitar a propagação da Covid-19, o governo resolveu colocar toda a região da Lombardia e mais 14 províncias em quarentena, incluindo a minha (Padova), mandando para casa milhões de estudantes ao fechar as escolas até o dia 3 de abril de 2020. Tal medida trouxe à tona o quão dependente do tradicional método de ensino "professor-aluno-sala de aula" o país é.

Com as escolas e universidades fechadas, o ensino parou e todo o cronograma de aprendizado foi afetado. Em minha região, faço parte, como voluntário, de uma força-tarefa do governo que procurou conectar professores e alunos de modo alternativo para que o aprendizado continuasse sem colocar a saúde dos cidadãos em risco. Mas o que poderia ser feito?

Segundo alguns especialistas, o modelo tradicional de escola que conhecemos foi desenvolvido em um período em que era necessário formar cidadãos para trabalhar majoritariamente em fábricas. Com o passar dos anos, a sociedade mudou, nossas necessidades também, mas os métodos de ensino permaneceram os mesmos.

Há alguns anos, o conceito de *learning space* (espaço de aprendizado) surgiu como uma alternativa para que o ensino seja adaptado ao hoje. A ideia é um tanto quanto vasta e diversos modelos, como integrativo, baseado em projetos, e de academia podem ser explorados. O que eles têm em comum é que há uma variedade de estilos, configurações e locais que podem ser utilizados para que o aprendizado seja o melhor possível.

Entre os tipos de instalações educacionais está o AVA (ambiente virtual de aprendizagem) que nada mais é do que plataformas disponíveis na internet ⤤ para aprendizado. Se você nunca teve oportunidade de interagir com um sistema desses, ele é bem interessante. Além de seguir uma estrutura e um conteúdo básico como qualquer curso, também é possível definir avaliações em períodos diferentes de aprendizado, ter atividades e interações entre participantes e analisar relatórios e resultados, por exemplo.

Embora o modelo tenha sido adotado com sucesso em diversos países da Europa, infelizmente, a Itália não é um deles e por isso estamos tentando "correr atrás do prejuízo" no momento. Engana-se quem pensa que os AVAs são somente para cursos à distância: cada vez mais, há uma integração entre o mundo real e o virtual. Dessa forma, além de os alunos terem a oportunidade de seguirem seu próprio ritmo, eles têm a chance de verificar conteúdos adicionais e compartilhar experiências online. A identificação de dificuldades de aprendizado e falhas no ensino também fica mais clara para as instituições educacionais, o que permite que ajustes sejam feitos ao longo do processo.

Se a Itália já tivesse consolidado ambientes virtuais de aprendizagem no passado, mesmo com o fechamento temporário das escolas, o ensino seguiria de alguma forma em paralelo. Mas o que o coronavírus tem nos mostrado é que, mesmo em nações consideradas como de primeiro mundo, nós ainda estamos emperrados no século passado.

Como você vê a integração entre o mundo real e o virtual? Quais aprendizados você acha que as nações tirarão dessa crise? Na sua região, isso seria diferente? E o principal, o nosso Brasil está preparado para um estado de "vamos parar o país por algum tempo"?

Em ano de eleição, é importante entender como os políticos se posicionam em relação a isso.

Este texto foi originalmente publicado na coluna Renato de Castro, de Tilt.

Acesso direto

Como o interesse por robôs impulsiona a igualdade de gênero na tecnologia?

JÁ FAZ ALGUM TEMPO QUE VENHO DISCUTINDO nos meus textos a importância dos Objetivos de Desenvolvimento Sustentável (ODS) definidos pela cúpula das Nações Unidas, em 2015, que devem orientar as políticas nacionais e atividades de cooperação internacional ao longo da próxima década.

Os 17 ODSs englobam 169 metas divididas em diversos temas, como erradicação da pobreza, segurança alimentar, agricultura, saúde, educação, igualdade de gênero, água e saneamento, energia, crescimento econômico sustentável, infraestrutura, redução das desigualdades, cidades sustentáveis, padrões sustentáveis de produção e consumo, mudanças climáticas, uso sustentável dos oceanos e ecossistemas terrestres.

Ao longo dos últimos anos, notei o crescimento da conscientização em relação ao objetivo número cinco, cuja meta é alcançar a igualdade entre os gêneros e empoderar todas as mulheres e meninas. A igualdade entre homens e mulheres pode até soar para muitos como uma coisa normal, mas, acreditem, ainda temos muito caminho a percorrer pela frente.

Os objetivos das Nações Unidas devem ser uma causa de todos: governos, empresas privadas e sociedade precisam unir forças para alcançá-los. Eu acredito que estamos no caminho certo, afinal, áreas como engenharia e tecnologia da informação, antigamente compostas por uma maioria masculina, deverão, em um futuro não tão distante, ter um quadro muito mais equilibrado com um aumento significativo de mulheres. Ações que buscam incentivar a robótica entre crianças e adolescentes têm surtido efeito positivo no aprendizado e despertado o interesse de meninos e meninas pelo assunto.

Para ter uma ideia, mais de cinco mil estudantes de todo o Brasil estão inscritos para participar dos torneios regionais de robótica promovidos pelo SESI (em 2019), que é o operador oficial da First Lego League no país desde 2013. Desse total, 43% dos estudantes (aproximadamente 2.200) são meninas, um dos maiores índices da competição. Os profissionais do SESI responsáveis pela edição no Brasil comemoram o resultado. "Em 2018, 41% dos inscritos eram meninas. O crescimento neste ano mostra que estamos no caminho certo e que nossa abordagem para divulgar a robótica tem alcançado também o público feminino, deixando-o super à vontade para se engajar com a tecnologia", diz o diretor de operações do SESI nacional, Paulo Mol.

De uma forma geral, nota-se um crescimento significativo da presença feminina na área da ciência, que é a base da inovação. De acordo com a Organização Mundial de Propriedade Intelectual (OMPI) e o relatório *Elsevier Gender in The Global Research Landscape* (Gênero no cenário da pesquisa global, em tradução livre) de 2017, as mulheres respondem por 40% dos pesquisadores em nove das 12 regiões geográficas analisadas que incluem, entre elas, a União Europeia (28 países do bloco), Estados Unidos, Canadá, Austrália e Brasil. Se analisado somente o Brasil, curiosamente a relação de gênero, em número de pesquisadores, está quase equilibrada: 49% dos autores de pesquisas e artigos científicos são mulheres. No período de 2011 a 2015, a participação de mulheres cresceu 11% no país, índice semelhante ao da Dinamarca.

Apesar do número positivo, estamos somente no início desta mudança e precisamos continuar promovendo a causa. Eu me recordo que o CEO de uma empresa francesa cancelou sua participação no evento "London Tech Week" por não haver participação feminina em determinado painel. O mais bacana é que, segundo ele, uma norma da empresa o impede de participar como representante da companhia em ambientes que não promovem a igualdade de gênero.

Quando analisados como um todo, os ODSs são um chamado universal para ações contra a pobreza, proteção do planeta, paz, prosperidade e principalmente igualdade. Eles estão sendo amplamente impulsionados pelos projetos de *smart cities*, uma vez que uma cidade mais inteligente tem como principal missão a melhoria da qualidade de vida de sua população.

Este texto foi originalmente publicado na coluna Renato de Castro, de Tilt.

Acesso direto

Construindo comunidades inteligentes com crianças que não escrevem mais

Depois de uma breve visita à bela e polêmica cidade da "felicidade", desembarcamos em um dos países mais ousados da Europa. Apesar de já ter acompanhado de perto o dinamismo das economias escandinavas ao participar de eventos em Estocolmo, Oslo e Copenhague, ainda faltava o "carimbo" de Helsinki. Foi minha primeira vez na Finlândia e confesso que estava bastante ansioso.

Eu estava muito curioso para conhecer o país que aboliu, em 2016, a escrita cursiva do currículo escolar básico. Isso mesmo, os finlandezinhos já não aprendem mais a escrever a tradicional letrinha--de-mãos-dadas. Na época desse polêmico decreto, eu escrevi alguns textos sobre o tema e nem preciso dizer a quantidade de comentários negativos sobre essa medida do governo local.

Acreditem, ao longo dos três últimos anos que venho discutindo esse ponto, eu já ouvi mil argumentos a favor e outros dois mil contra. Na verdade, a ideia é focar não somente na letra de forma, mas principalmente nas habilidades de digitação, o que parece fazer sentido, já que é incontestável a influência da tecnologia nas nossas vidas.

Seja você a favor ou contra, é importante levar em consideração que a Finlândia esteve entre os primeiros lugares no ranking mundial de educação nos últimos cinco anos consecutivos. Sem falar o primeiro lugar, mais uma vez, no World Happiness Report (Relatório Mundial da Felicidade) de 2019. Parece que sabem o que estão fazendo, não acha?

Mas voltando à visita. Aproveitando minha participação em um evento de Inteligência Artificial, me permiti algumas horas para visitar projetos locais de *smart city*. O que mais me chamou a atenção foi o novo distrito de Kalasatama.

Localizado na parte leste da cidade, a somente quatro estações de metrô do centro de Helsinki, a região era praticamente uma área rural há menos de dez anos. Seguindo quase o mesmo ritmo frenético de crescimento dos distritos de Dubai, que comentei no outro texto, Kalasatama foi construído combinando modernidade com um clima de cidade do interior.

Desde o início, o foco do projeto foi a construção de uma comunidade e não simplesmente de edifícios. Ruas tranquilas, crianças brincando em parques públicos, ciclovias, vias exclusivas para caminhada e corrida e até um bosque natural com um jardim zoológico fazem parte do bairro inteligente.

Mesmo com a grande crise que atinge a Europa desde 2008, o projeto foi (e ainda é) um sucesso graças à criação de um espírito de comunidade dinâmica, entrosada e politicamente participativa.

As pessoas que decidiram se mudar para lá foram motivadas por um propósito de vida, muito mais que pelo preço do metro quadrado ou uma possível redução de impostos. Faz sentido para você? Para mim, sim, e muito!

Seguindo meu compromisso de compartilhar tudo de legal que vejo em minhas viagens, fiz um <u>vídeo</u> para mostrar um pouco desse conceito. O Brasil está iniciando um novo ciclo de crescimento econômico (parece) e projetos regionais de urbanização estão aparecendo por toda a parte. O projeto de desenvolvimento do vetor Norte da bela cidade de Varginha e o futurístico Portal IBYRAMA, que promete revolucionar o mercado da região metropolitana de Belo Horizonte, ambos em Minas Gerais, são alguns bons exemplos desse *boom* que temos por aí. Fica então o *benchmarking* para eles.

Hoje não construímos cidades inteligentes simplesmente com concreto armado e tecnologia. Nossa sociedade está evoluindo para outro patamar de relacionamento social, participação cívica e, principalmente, de consciência política. Você não acredita que isso vai chegar aí no Brasil, né? Pois eu digo que já chegou e só vai crescer cada vez mais. Quem (sobre)viver, verá!

Este texto foi originalmente publicado na coluna Renato de Castro, de Tilt.

Acesso direto

Iniciativas em educação que ajudam a criar um Brasil melhor

O FINAL DO ANO É UM MOMENTO DE REFLEXÃO para muitos, quando fazemos os "cálculos" e nos damos conta do resultado positivo ou negativo dos meses que se passaram. Posso garantir para vocês que o ano de 2019, pelo menos para mim, foi de muito trabalho, mas também de muita satisfação. Estou ainda mais convencido de que estamos no caminho certo!

Na primeira semana de dezembro, viajei metade do país para lançar regionalmente o projeto de robótica *City Shaper – Cidades Inteligentes*, do SESI. Em 10 dias, passei por Brasília, Goiânia, Natal, Belo Horizonte, Manaus, Recife e Salvador para falar com jovens de nove a 16 anos sobre o futuro das nossas cidades. Fiquei impressionado como essa galerinha está antenada e como eles têm uma visão sistêmica do mundo em que vivem. Acreditem: educação é a melhor saída para criarmos um futuro melhor.

Em um mundo cada vez mais globalizado e impulsionado pelo consumo excessivo, a sociedade tem seguido (até agora) um modelo mercadológico onde o "ter" é mais valorizado que o "ser", mas tenho visto que isso está mudando. O consumo e práticas conscientes, que não faziam parte da propaganda e das mídias em geral, começam a despontar nas atividades de responsabilidade social das empresas e os conceitos da economia circular começam a florescer.

Nessa nova economia, sobre a qual tenho falado bastante nos últimos anos, como o *case* da cidade japonesa de Kamikatsu, a ideia básica é repensar o ciclo de vida e a sustentabilidade de produtos além da reciclagem. Fico muito feliz em ver que isso está acontecendo também no Brasil. Precisamos repensar com urgência nossas práticas e oferecer um estímulo à mudança de hábitos que contribua para uma vida mais sustentável.

Há quase um ano, conheci minha conterrânea Marinez Rodrigues, idealizadora do projeto Educasol. A iniciativa liderada por ela foca em práticas solidárias que têm o compromisso de criar um impacto social positivo na comunidade educacional ao reutilizar materiais escolares em bom estado e enviar para a reciclagem o que não pode ser reaproveitado. Enquanto produtos bons são higienizados e doados para estudantes de famílias carentes, instrumentos de escrita em mau estado, por exemplo, são transformados em filamentos para impressão 3D. É economia circular na veia!

Com pontos de coleta espalhados pela cidade, o Educasol facilita o envolvimento da comunidade nas práticas sustentáveis e estimula uma nova visão para a sociedade onde vivem. No ano de 2019, em parceria com a prefeitura de Volta Redonda, o projeto passou a contar com um contêiner na praça Sávio Gama, que será utilizado como ponto de coleta e espaço para oficinas e atividades educativas e culturais.

Além de utilizar recursos que muitas vezes ficam esquecidos ou são descartados de forma incorreta, o projeto também promove a Agenda 2030, proposta pela ONU através dos 17 Objetivos de Desenvolvimento Sustentável. Lembra que já discutimos sobre os ODSs?

Em 2015, representantes de 193 países se reuniram para discutir e estabelecer medidas ousadas e transformadoras para promover o desenvolvimento sustentável nos próximos 15 anos. Espero poder ver mais iniciativas como essa pelo Brasil!

Este texto foi originalmente publicado na coluna Renato de Castro, de Tilt.

Acesso direto

Cidade em quarentena por coronavírus cria força-tarefa de aula a distância

A EPIDEMIA DE CORONAVÍRUS QUE atingiu a Itália colocou todo o país em quarentena. Cerca de 60 milhões de pessoas tiveram seu direito de movimentação restrito, além de reuniões públicas estarem proibidas até abril. Em Rovolon, na região do Vêneto, norte do país, a poucos quilômetros do epicentro do surto de Covid-19, os moradores ficaram bloqueados em suas casas e as crianças foram impedidas de irem à escola. Mas um projeto emergencial passou a usar o Facebook para não interromper a educação das crianças e ainda transformou professores analógicos em influenciadores digitais. Como coordenador desse projeto, acredito que conseguimos colocar uma força-tarefa para levar educação a distância para nossos filhos.

O projeto nasceu com quatro conceitos principais em um momento de emergência:

1. *Keep it simple* (mantenha simples, em inglês) – fazer o projeto de maneira objetiva e direta.
2. Criar uma rotina para os estudantes – fazer com que todos os dias eles tivessem pelo menos uma hora de aula online e estivessem lá naquele mesmo horário. Assim, os estudantes e os professores não iriam se sentir em férias.
3. Manter o contato – ainda que digital, a proposta era proporcionar à criança olhar no olho do professor.
4. Aproveitar as oportunidades da crise – questões de privacidade e burocracia, por exemplo, que não seriam tratadas ao longo de meses, passaram a ser abordadas em pouco tempo.

No Facebook, a página Smart School Veneto concentrou as atividades educacionais. Na *fanpage*, foram criadas nove turmas, que englobaram do jardim de infância até o nível secundário. A página na rede social também trouxe um tutorial explicando o passo a passo para cada aluno ingressar na respectiva turma.

Para se comunicar com os pais, a equipe do projeto utilizou o WhatsApp. Em um único grupo, foram reunidos 58 representantes que responderam por 850 famílias e 1.200 alunos.

No dia 11 de março de 2020, uma quarta-feira, aconteceu a primeira aula online.

No vídeo postado no Facebook do projeto, foi possível conferir como foram as primeiras experiências de interação online entre os professores e seus alunos. Uma professora relatou seu estranhamento da situação. "É uma sensação estranhíssima para mim. É preciso dizer que sinto falta de vocês, porque ir à escola e encontrá-la vazia, sem crianças, não parece ser uma escola", disse.

Outra professora disse que o projeto foi um meio de os alunos retornarem à escola. "Aqui estamos de volta à escola, de uma maneira um pouco diferente, mas estamos de volta à escola", disse.

Do outro lado da tela, uma mãe testemunhou que seu filho estava emocionado, com lágrimas nos olhos, porque viu seu professor, de quem ele tinha saudades, entrando em seu mundo, em sua casa.

Conseguimos organizar um plano para levar a sala de aula para mais de 1.200 alunos de nossa região. Uma verdadeira legião de professores heróis, para muitos deles a primeira vez online e no Facebook, mas firmes e supermotivados. Nossos filhos em casa e em seu ambiente mais conhecido (o online) assistiram por 60 minutos seus professores. Foi lindo.

Professores supertradicionais, alguns que nem tinham Facebook, criaram sua conta, invadiram as casas e entraram no mundo das crianças. Os professores viraram verdadeiros *influencers*. Meu filho de nove anos disse: "Cara, hoje a minha professora virou a minha *influencer*". Isso foi uma coisa avassaladora na nossa realidade aqui na Itália, que é extremamente analógica.

A ideia do projeto foi possibilitar que a estratégia de ensino mudasse com o tempo. Nessa primeira semana, a proposta foi ter uma hora de aula ao vivo. Desse total, cerca de 25 minutos de aula expositiva e o resto do tempo foi dedicado para a interação do professor com os alunos via Facebook Live. Também estavam previstas cerca de duas horas para o estudante se dedicar aos deveres de casa.

Essa escola de Rovolon é pública. Havia muita burocracia e dependíamos de vários fatores, mas, nesse caso, como emergência, a gente conseguiu colocar todos os atores interessados no processo decisório.

Por exemplo, no final da tarde de terça-feira (dia 10 de março de 2020), foi colocada uma antena para aumentar a velocidade da internet de 5 mega para 50 mega na escola. A prefeita foi até o local para abrir a escola para permitir a instalação e, de maneira voluntária, um empresário do setor de telefonia e internet colocou o equipamento. No dia seguinte, estava tudo pronto para dar início ao curso online.

Para termos uma comparação, em uma outra escola pública demoraram três meses para instalarem uma rede de internet adquirida por doação. Tendo em vista esses entraves burocráticos, é possível notar que o projeto em Rovolon deixa um legado importante para a comunidade.

O que esse projeto mostra é o que está sendo feito para tornar a cidade mais inteligente em um momento de crise.

Isto é cidade inteligente: é você usar todos os recursos disponíveis, junto com a tecnologia, mas, principalmente, junto com as pessoas, com os interessados.

Este texto foi originalmente publicado na coluna Renato de Castro, de Tilt.

Acesso direto

Dados de desigualdade racial gritam, mas não conseguimos ouvir bem

Na última semana de novembro de 2020, fizemos algo diferente. Depois de quase dois anos e meio de coluna e mais de 130 textos publicados, pela primeira vez convidamos duas pessoas com base na cor da pele. Nunca tinha nem sequer passado pela minha cabeça uma possível diferenciação por cor!

Foi uma declaração explícita de uma posição antirracista! E o papo fluiu muito bacana. Exploramos a fundo as dores, as preocupações e principalmente os possíveis caminhos para tornar nossa sociedade mais consciente e inclusiva.

De um lado, Marcos Lima, meu amigo desde 1989, um dos meus ídolos do setor financeiro, e do outro lado, Claudio Nascimento, companheiro de edificação das nossas *smart cities*, com quem já dividi diversos palcos pelo mundo. Só que desta vez nós não convidamos o executivo de um grande banco e o gestor público para um debate. Eles vieram como dois cidadãos negros, pais de família, para compartilharem suas opiniões e principalmente experiências sobre o racismo estrutural no Brasil.

Nossos convidados trouxeram alguns números que expressam bem como o tema é importante para a sociedade e, na maioria das vezes, são subestimados pelos que insistem em defender a tese de que não há racismo no Brasil.

De acordo com o IBGE, 56,1% dos habitantes autodeclaram-se negros ⧉ (pretos ou pardos) — a maioria da população brasileira.

E mais, a proporção de negros e pardos entre os 1% mais ricos da população era de 17,4% em 2015 ⧉, ao passo que o grupo dos 10% mais pobres possuía um total de 75% de negros e pardos ⧉.

Setenta por cento das pessoas classificadas na extrema pobreza no país são pretas ou pardas.

Não para por aí: 71% das vítimas de homicídio em 2016 ⧉* e 61% da população carcerária no Brasil são pretas ou pardas ⧉.

Essa desigualdade racial grita, mas parece que não conseguimos ouvir bem!

Esses são, nas palavras do Marcos Lima, indicadores que deveriam pelo menos causar um grande desconforto em qualquer um que gostaria de viver em cidades inteligentes. Alguém discorda?

O debate foi aberto, descontraído e muito verdadeiro, como bem pontuaram nossos convidados. Pela relevância do tema e por ser importante avançar nessa discussão, criamos um grupo ⧉ temporário de WhatsApp para que todos os nossos leitores pudessem participar desse debate com nossos convidados. Como o próprio nome do grupo indica, *Smart Color*, são todos bem-vindos: pretos, verdes, amarelos, vermelhos, brancos e multicores.

Se você perdeu esses 70 minutos de muita reflexão, ainda dá tempo de assistir à *live* e principalmente de contribuir para o debate.

* Segundo o *Atlas da Violência 2020*, as taxas de morte da população negra apresentam crescimento nacional nos últimos anos. Em 2018, o último ano com os dados compilados no documento, 75,7% das vítimas de homicídios são pretas e pardas. As informações são do *Estadão Conteúdo*.

Assista o vídeo →

Este texto foi originalmente publicado na coluna Renato de Castro, de Tilt.

Acesso direto

"Idiotas": prefeitos italianos detonam moradores que não cumprem isolamento

OS PREFEITOS ITALIANOS PERDERAM A PACIÊNCIA com os moradores que se recusavam a ficar em casa durante a quarentena imposta no país por causa da epidemia de coronavírus. E os políticos não pouparam vocabulário para demonstrar irritação e dar uma dura nos cidadãos.

"Idiotas irresponsáveis", gritou Massimiliano Presciutti, prefeito de Gualdo Tadino, em um vídeo endereçado aos moradores de sua cidade. "Onde vocês estão indo com esses cachorros com incontinência?... Vocês precisam ficar em casa. Pessoas estão morrendo, vocês não percebem?", disse.

Vincenzo De Luca, presidente da região de Campania, chegou a ameaçar estudantes que pretensamente iriam se reunir para comemorar a formatura. O político afirmou que iria enviar policiais armados com lança-chamas. "Ouvi dizer que alguns estão planejando uma festa de formatura. Iremos enviar a polícia armada e eles estarão com lança-chamas", falou.

Outro prefeito estava irritado com os moradores que contratavam cabeleireiros para irem às suas casas. "Todos esses cabeleireiros que estão indo para sua casa... Para que diabos é isso? Quem vai ver você? Se uma pessoa vai na sua casa e vai na minha casa e ela já esteve na casa de outras pessoas cuidando do cabelo delas... Você vai ter coronavírus na sua cabeça ao invés de spray de cabelo", berrava irritado o prefeito de Lucera, Antonio Tutolo.

Giuseppe Falcomatà, prefeito de Reggio Calabria, contou que encontrou um cidadão na rua e passou uma dura. "Eu encontrei uma pessoa que praticava, com alegria, sua corrida, junto com seu cão, visivelmente exausto. Eu disse a ele que isso não é um filme e você não é Will Smith em 'Eu Sou a Lenda'. Por isso, vá para casa agora!"

Gianfilippo Bancheri, prefeito de Delia, tentou argumentar contra o hábito de sair de casa com frequência. "Ouvi dizer que tudo ficará bem, mas como pode ficar bem se continuamos a sair todos os dias para fazer compras, abastecer ou dar uma corrida?"

Outro vídeo mostra o prefeito de Bari, Antonio Decaro, convocando quem encontrava na rua a retornar para casa. "Pessoas estão morrendo, vocês entendem isso? Vocês também vão me deixar doente, com problema de coração", disse.

Um cidadão italiano que mora no Reino Unido compilou esses vídeos e publicou o material com legendas em inglês no perfil

@protecttheflames ⧉, no Twitter, e logo viralizou. Em março de 2020, o vídeo já estava com mais de 6,8 milhões de visualizações e ganhou uma continuação, com outros prefeitos irritados com os moradores.

A Itália ficou em quarentena em âmbito nacional desde 9 de março de 2020. Apesar dessa e de outras medidas, os números continuavam a aumentar: foram mais de 54 mil casos confirmados de pessoas com Covid-19 e mais de 6.800 mortes até o final de março de 2020.

E no Brasil, como o prefeito da sua cidade agiu para enfrentar a epidemia? O que as autoridades fizeram?

Este texto foi originalmente publicado na coluna Renato de Castro, de Tilt.

Acesso direto

Pandemia deve estimular cidades a priorizar acesso à internet para todos

Chegamos finalmente ao momento da contagem regressiva para o ano seguinte. O ano de 2020 foi desafiador para todos. A pandemia que começou lá do outro lado do mundo, em Wuhan, na China, não chamou muita atenção no início. Eu me lembro bem dos comentários, todos do tipo: "Isso não é problema nosso" ou "Não vai chegar aqui". Mas chegou. Aqui, ali e acolá.

No meu caso aqui na Itália, e vocês acompanharam de perto, a coisa ficou bem feia. Eu moro em uma cidade que fica a menos de 10 km do ponto zero. Do epicentro de todo o contágio na Europa. Foi desafiador, mas conseguimos. Pelo menos até agora.

Mas não vou usar este texto para recordar, pelo contrário, quero reforçar meu otimismo para o novo período que está por vir. Em vários textos durante os últimos meses, eu tenho discutido sobre as tendências que irão moldar nosso mundo pós-Covid-19.

Mais que simplesmente minha opinião pessoal, essas tendências refletem a visão de diversos especialistas mundiais. Profissionais que estão na linha de frente da retomada econômica das cidades pelos quatro cantos do mundo.

Iniciei no dia 22 de dezembro de 2020 uma série de quatro vídeos intitulada *Aprendendo com os Líderes*, que registrei em novembro especialmente para minhas aulas de pós-graduação.

A ideia era trazer a visão sobre os desafios e as oportunidades que nossas cidades irão enfrentar a partir de 2021.

Eu convidei quatro colegas para esse projeto: Jonathan Reichental, dos Estados Unidos; Frans-Anton Vermast, da Holanda; Hila Oren, de Israel; e Jorge Saraiva, de Portugal. Eles, que estão superengajados no ecossistema de cidades inteligentes, dividiram as suas visões sobre o futuro das nossas cidades e, principalmente, as novas oportunidades para nossa profissão de *city makers*. Imperdível!

Demos uma atenção especial a todos que pretendem entrar no setor ou já estão construindo suas carreiras neste universo fascinante de tecnologias aplicadas ao desenvolvimento urbano. Durante as entrevistas, eu fiz três perguntas para nossos convidados:

1. Qual a definição de cada um deles de cidade inteligente.
2. O que eles esperam a curto prazo para nossas cidades em consequência da Covid-19.
3. Como eles veem o mercado de trabalho para especialistas em cidades inteligentes no futuro.

E iniciamos com Jonathan Reichental, um dos maiores e mais premiados especialistas mundiais da nossa indústria, que falou conosco direto do Vale do Silício.

O professor Reichental é um líder de negócios e tecnologia premiado, cuja carreira abrange os setores público e privado. Ele foi gerente sênior de engenharia de software, diretor de inovação tecnológica, atuou como diretor de informações na O'Reilly Media e foi o CIO (Chief of Information Office) da cidade de Palo Alto, Califórnia. Ele também cria conteúdo *online* para o LinkedIn Learning e publicou recentemente o best-seller *Smart Cities for Dummies*.

Um pequeno detalhe que não podia deixar de mencionar: no final de 2019, tive a honra de ciceroneá-lo no Brasil para um grande evento, quando fizemos também o lançamento oficial do meu livro *A Cidade Startup*, que conta com um prefácio muito especial escrito por ele.

Só para mostrar uma palhinha do que foi nossa conversa, Reichental disse que a pandemia mostrou que subestimamos a importância do acesso à rede para todos e que agora as cidades devem voltar a priorizar a internet.

O vídeo está em inglês, mas você pode optar pela legenda em português nas configurações do seu YouTube. Não deixe de conferir sobre o futuro das *smart cities* no pós-Covid-19 na visão de Jonathan Reichental e de Frans-Anton Vermast, embaixador do Amsterdam Smart City.

Assista os vídeos

Jonathan Reichental | Frans-Anton Vermast

Este texto foi originalmente publicado na coluna Renato de Castro, de Tilt.

Acesso direto

Contra isolamento, "*happy hour digital*" ajuda a manter vida social italiana

Com a população italiana isolada em suas casas, surgiu um novo desafio: como gerenciar essa vida dentro de casa. A resiliência do cidadão estava sendo colocada à prova todo dia. As pessoas estavam ficando malucas dentro de casa.

Nós estávamos em casa havia apenas uma semana, mas com todas as crianças, com tudo. Só podíamos sair de casa por alguns motivos especiais, mas, mesmo assim, superburocráticos.

Como exemplo, a burocracia que enfrentei para levar meu sogro ao hospital. Ele estava em cadeira de rodas se recuperando de uma cirurgia no joelho. Ele foi levado de carro por minha esposa, acompanhado de minha sogra. O hospital fica a cerca de 20 km de casa. Eles tiveram que fazer 12 autorizações: seis para a ida e seis para a volta. Se a polícia pegasse você na rua sem uma justificativa certa, você corria o risco de ser preso.

Com esse cenário de restrição de mobilidade e a percepção de que o italiano, assim como o brasileiro, tem uma necessidade social muito forte, refleti sobre como usar a tecnologia para promover resiliência e ajudar as pessoas nesse momento. Foi assim que surgiu a ideia de criar um "*happy hour* digital".

Na Itália, temos uma tradição muito forte de todo dia, depois do trabalho, fazer um *happy hour* com os amigos, que é chamado de aperitivo. Os italianos gostam muito desse contato e as pessoas têm um pouco de aversão à tecnologia.

Para a realização do "*happy hour* digital", chamado de "Aperitivo Digitale", foi criado um tutorial para ensinar as pessoas a usar os aplicativos existentes. O primeiro evento aconteceu num sábado, dia 14 de dezembro de 2020, e foi bem-sucedido.

É muito importante não deixar cair o moral da comunidade e manter muito forte esse vínculo de pertencimento à comunidade. Isso é cidade inteligente.

Não vamos deixar que as pessoas se tranquem e que percam sua vida social porque iria virar um caos. Nós estamos em uma guerra, mas em uma guerra em um dia de sol, sem cair uma bomba, e às vezes as pessoas não percebem a urgência, a necessidade de se proteger e tentar minimizar ao máximo a evolução dessa crise.

Entenda como o coronavírus se espalhou e se tornou uma epidemia na Itália em poucos dias no vídeo que você encontra no link:

P.S.: Nos primeiros meses da pandemia, as atualizações e novas informações não paravam de surgir na Itália. Um dado da manhã já era outro à tarde. Isso era um cenário de guerra. A todo momento, surgiam novas medidas, o que tornava a atualização do blog bastante complexa. E o Brasil parecia se encaminhar para um cenário parecido.

Assista o vídeo →

Este texto foi originalmente publicado na coluna Renato de Castro, de Tilt.

Acesso direto

Capítulo 3

Smart Living

Passamos para a análise da segunda dimensão do modelo *The Neural©*, a convivência inteligente, ou do inglês, smart living.

No capítulo anterior, discutimos sobre as pessoas e todos os principais aspectos relacionados a sua evolução. Se as pessoas são a célula base de qualquer sociedade, é exatamente a convivência social que propiciará o diferencial de cada cidade. Já discutimos a importância do DNA das cidades em meu último livro, *A Cidade StartUp*. Agora é hora de entendermos como esse DNA se forma na prática e como ele influencia nas políticas públicas e nos projetos de desenvolvimento.

Da teoria da *Smart City Wheel*, temos que a *smart living* "concentra-se na melhoria da inclusão social e digital, por exemplo, o uso de serviços eletrônicos, conectividade e plataformas sociais; na melhoria da saúde e no atendimento aos idosos; segurança, condições de moradia e edifícios inteligentes. Novas metodologias para engajamento cívico e social, bem como novas tecnologias devem ser aprimoradas e aproveitadas para melhorar a acessibilidade e a experiência do cidadão em todas as áreas de foco do governo".

Nos meus últimos 20 anos de assessoria para governos, tendo visitado mais de 30 países, eu nunca tive medo em afirmar que os cidadãos não querem uma cidade nova e, sim, uma cidade melhor. Diretamente atrelado aos conceitos de diversidade e inclusão, temos o chamado sentimento de pertencimento, que consiste na sensação de segurança, de apoio, de aceitação, de inclusão e de identidade das pessoas, no nosso caso, cidadãos, em relação a sua cidade. Os cariocas têm orgulho de sua origem da mesma forma que os soteropolitanos ou rio-branquenses.

O novo modelo *The Neural*© considera cinco pilares urbanos contemporâneos para a dimensão das pessoas, são eles:

I.   Habitação
II. Saúde
III. Segurança pública
IV. Cultura e esporte
V.   Segurança alimentar

Neste capítulo, discutiremos e analisaremos cada um desses pilares por meio de *cases* e histórias reais de projetos e políticas públicas desenvolvidas em diversas cidades pelo mundo. Da agricultura urbana desenvolvida nos telhados de nossas cidades a projetos de reconhecimento facial aplicado à segurança pública, muito tem sido feito para melhorar nossa qualidade de vida e valorizar uma das principais características da raça humana: somos seres sociais.

Só wi-fi não basta: como tornar cidades inteligentes em segurança e saúde?

Quando falamos de cidades inteligentes, é indiscutível a importância das pessoas nesse processo de transformação urbana, e já falamos bastante sobre esse tema: o cidadão é a peça central do jogo.

A inclusão social e digital de todos é fundamental para que as ferramentas disponíveis sejam utilizadas de forma adequada e, assim, colaborem na melhoria da saúde, nos cuidados para idosos, na segurança, nas condições de habitação e nos edifícios inteligentes.

O uso em conjunto de novas tecnologias e metodologias visa a torná-las mais acessíveis e melhores, impactando a experiência do cidadão em todas as áreas.

Os pilares que compõem a segunda dimensão — convivência (*smart living*) — são fundamentais na criação de políticas públicas e estratégias de negócios.

Para a formulação do modelo *The Neural*©, seguindo o exemplo da dimensão "pessoas" que discutimos no texto anterior, foram levados em consideração três elementos principais:

1. Os indicadores ISO 37120:2018, ISO 37122:2019 e ISO 37123:2019.
2. Os Objetivos de Desenvolvimento Sustentável (ODS) das Nações Unidas.
3. Análises preliminares dos impactos da pandemia de Covid-19 na vida urbana mundial baseada no conceito da Economia Km 4.Zero.

Na dimensão convivência, analisaremos cinco pilares urbanos um tanto quanto conhecidos: habitação, saúde, segurança pública, cultura e esporte e segurança alimentar.

Vamos explorar um pouco mais cada um a seguir:

Habitação

O ambiente em que a pessoa vive tem grande influência em sua vida, seja pela disposição em fazer algo e até mesmo em relação a aspectos de saúde.

Nesse quesito, as ISOs da série 37100 contemplam um conjunto bem amplo de indicadores que servem como balizadores do nível de desenvolvimento de nossas cidades. Entre eles, podemos destacar:

- ISO 37120:2018, que aborda serviços municipais e qualidade de vida, traz índices de moradias inadequadas, economicamente acessíveis, sem-teto e sem títulos de propriedade registrados. Além disso, há uma análise quantitativa de total de domicílios, pessoas por domicílio, taxa de desocupação e residência secundária, espaço habitável por pessoa e residências disponíveis para locação.

- ISO 37122:2019, que traz o universo de facilidades inteligentes para o dia a dia, como porcentagem de domicílios com medidores inteligentes de energia e água.

- ISO 37123:2019, com indicadores para cidades resilientes, analisa a capacidade de abrigos de emergência, a vulnerabilidade estrutural de edifícios e áreas de risco, melhorias implementadas e índices de inundações residenciais.

- Objetivo 11 dos Objetivos de Desenvolvimento Sustentáveis da ONU, primeiro diretamente ligado à habitação, que tem como meta, até 2030, urbanizar as favelas, garantir serviços básicos e o acesso de todos à habitação segura, adequada e a preço acessível.

Saúde

Não é de hoje que sabemos que a saúde rege a capacidade de fazermos algo: nossos antepassados já incluíam em seus processos de seleção os mais fortes e/ou aqueles que tinham mais chances de superar desafios e doenças.

Porém, enquanto no passado cada comunidade tinha peculiaridades locais, com a globalização, o transporte se tornou muito mais rápido, incluindo o de enfermidades, como epidemias do passado anunciavam.

Eu mesmo, em 2016, citei em uma de minhas palestras que o meu deslocamento pelo mundo poderia facilmente ser um canal de contaminação, e a Covid-19 chegou anunciando para o mundo que o deslocamento global é sim algo que pode devastar nações.

Mais do que nunca, a administração eficiente de saúde, que inclui previsão e administração de incidentes como uma pandemia, é mais do que fundamental.

Assim como em habitação, a ISO 37100 é referência quando o tema é saúde:

- ISO 37120, que fala sobre a expectativa de vida, leitos hospitalares, números de médicos e taxa de mortalidade infantil.

- ISO 37122, que aborda o acesso ao prontuário eletrônico unificado, consultas remotas e acesso a sistemas de alertas públicos sobre a qualidade do ar e da água.

- ISO 37123, que traz o número de hospitais com geradores de energia, imunizações, números de doenças infecciosas por ano e população com seguro básico de saúde. Vale destacar que aqui, nos Emirados Árabes, todos os estrangeiros devem ter um seguro básico de saúde privado, que deve ser oferecido pelo empregador. Já para os cidadãos nascidos aqui, o governo cobre esse custo e garante, a todos, acesso à saúde.

Incluímos também neste quesito o Objetivo 3 dos Objetivos de Desenvolvimento Sustentáveis da ONU, cuja meta é incluir em estratégias nacionais o acesso aos serviços de saúde sexual e reprodutiva e ter uma cobertura universal de saúde, tanto em relação a acesso e qualidade quanto a riscos.

Segurança pública

Após falarmos anteriormente sobre educação no texto da dimensão "pessoas" e sobre saúde acima, chegou a hora de abordarmos segurança e, assim, fecharmos a tradicional tríade do discurso político: educação, saúde e segurança.

Para os estrangeiros, o Brasil não é bem-visto nessa vertical em decorrência dos altos índices de violência, porém, segurança pública vai além da matança e roubos que vemos diariamente nos noticiários: ela visa à preservação da vida, manutenção da ordem pública e proteção das pessoas e patrimônios.

E esses são os fatores abordados na série ISO 37120, com foco nos serviços municipais e qualidade de vida, que tem listados cinco indicadores essenciais e cinco de apoio, maior número de referências quando comparada à ISO de cidades inteligentes e resiliência.

- ISO 37200, que tem como fundamentos a quantidade de bombeiros, policiais, mortes relacionadas a incêndios, desastres naturais e homicídios.

- ISO 37122, com números da área da cidade coberta por câmeras de vigilância.

- ISO 37123, que verifica os leitos destruídos ou danificados por desastres, o treinamento de equipes de emergência para eventos desse tipo e se os alertas emitidos por autoridades nacionais são recebidos em tempo hábil pelo município.

- Objetivo 11 dos Objetivos de Desenvolvimento Sustentáveis da ONU, que visa proporcionar o acesso universal a espaços públicos seguros.

- Objetivo 16 dos Objetivos de Desenvolvimento Sustentáveis da ONU, que visa promover sociedades pacíficas e inclusivas para o desenvolvimento sustentável, proporcionar o acesso à justiça para todos e construir instituições eficazes, responsáveis e inclusivas em todos os níveis.

Cultura e esporte

Como falamos anteriormente, muito de uma cidade está ligado ao seu DNA, e a cultura tem um grande papel nisso. O esporte também é fundamental nas relações e interações sociais, além de promover a saúde e inclusão social, o que colabora com esse pilar também.

Pensar em cultura e esporte é manter vivo o DNA de um município e garantir sua continuidade. Assim, temos dentro da normativa ISO:

- ISO 37120, o número de instituições culturais, instalações esportivas e orçamento alocado para essas áreas.
- ISO 37122, o acervo disponível em bibliotecas públicas e acervos digitais, seus usuários, a digitalização do acervo cultural da cidade, a reserva *online* para iniciativas culturais e a quantidade de eventos desse gênero.

Aqui, é importante notar que a ISO 37123, que fala sobre resiliência, não tem nenhuma menção, ainda, relativa à cultura e ao esporte.

Segurança alimentar

A sociedade tem crescido e a demanda por alimentos também. Atualmente, temos falado sobre a agricultura urbana como estratégia de subsistência para algumas famílias, principalmente em países em desenvolvimento, e como política ambiental. Além disso, a alimentação também impacta a saúde da população.

Em um texto anterior, falei sobre a inauguração da maior fazenda urbana em telhado do mundo, na França, e a iniciativa de Paris para que moradores possam locar espaços para plantio próprio, aumentando, assim, o engajamento social.

E o país europeu não está sozinho nessa. Aqui nos Emirados, também temos projetos nesse sentido como a fazenda vertical de Abu Dhabi, que tem uma área equivalente a 22 campos de futebol no meio do deserto para produção agrícola.

Para fecharmos os cinco pilares urbanos da dimensão "convivência", veremos as ISOs que falam sobre agricultura local/urbana e segurança alimentar:

- ISO 37120, traz os números de área agrícola urbana, quantidade de alimentos produzidos localmente e porcentagem da população desnutrida, com sobrepeso ou obesa.
- ISO 37122, aborda o orçamento para iniciativas de agricultura urbana, envio de resíduos para compostagem e sistema para monitoramento de fornecedores de alimentos.
- ISO 37123, analisa a população que mora a um quilômetro de um mercado e a porcentagem que pode ser atendida com as reservas de alimentos por 72 horas em caso de emergência.

Como vocês podem notar, apesar de os cinco pilares terem suas características únicas, em algum momento eles se cruzam e passam a influenciar uns aos outros, confirmando a teoria do modelo de conexões neurais.

Mais adiante, vamos falar sobre *smart government*, quando entraremos um pouco mais na parte de governança e políticas públicas.

Até lá, pense em como os cinco pilares da dimensão convivência influenciam seu cotidiano.

Este texto foi originalmente publicado na coluna Renato de Castro, de Tilt.

Acesso direto

Abu Dhabi vai construir no deserto a maior fazenda coberta do mundo

Você se lembra que em 2020 falamos sobre a maior fazenda urbana em telhado do mundo que foi inaugurada em Paris? ⤴ Agora, chegou a vez de discutirmos os investimentos no Oriente Médio. Depois da visita que fizemos em janeiro ao projeto The Line ⤴, da Arábia Saudita, hoje vamos a Abu Dhabi, cidade de 1,5 milhão de habitantes que fica a cerca de 140 quilômetros de Dubai, nos Emirados Árabes Unidos.

Se por um lado a capital francesa quis ficar com o título de fazenda urbana externa, Abu Dhabi quer ficar conhecida como tendo a maior fazenda coberta do mundo.

Serão 150 milhões de euros investidos por três anos no projeto, que terá um terreno de 17,5 hectares e uma área de cultivo de 160 mil metros quadrados, localizado no deserto de Abu Dhabi. É como se 22 campos de futebol estivessem no meio da cidade produzindo 56 variedades de alfaces, folhas verdes, ervas e couve que serão consumidos ali por perto.

Com a base tecnológica vinda da Holanda, a GreenFactory Emirates, como será chamada, utilizará técnicas de cultivo vertical e plana para driblar o clima seco da região. O objetivo é que as 10 mil toneladas de produtos que saírem dali por ano sejam totalmente livres de agrotóxicos.

E os benefícios à saúde e ao meio ambiente não param aí: o centro deve economizar 95% do consumo de água quando comparado a métodos de cultivo tradicionais, e a redução da pegada de carbono deve chegar a 40%.

Além disso, por estar mais próximo do consumidor final, também deve haver diminuição no desperdício de produtos que ocorre durante o processo de transporte, ao mesmo tempo que diminui o tráfego logístico.

Durante o anúncio do investimento em Abu Dhabi, a ministra de Estado da Segurança Alimentar, Mariam Hareb Almheiri, destacou os esforços do país para aumentar a produção doméstica de alimentos por meio da tecnologia agrícola (agtech) e os planos são ambiciosos: entre os objetivos do plano de Segurança Alimentar Nacional do governo, lançado em novembro de 2018, estão melhorar o rendimento em 30% nas produções com base tecnológica e se tornar líder mundial em segurança alimentar impulsionada pela inovação até 2051.

Coletando dados em tempo real para otimizar a produção e dar suporte a futuros projetos, os responsáveis pela GreenFactory Emirates planejam construir outras fazendas desse tipo em mais regiões do mundo onde o clima extremo é um desafio para a agricultura tradicional. A ideia é cultivar mais, com mais qualidade e usando recursos mínimos. Quem sabe eles não dão uma força no Nordeste um dia, não é?

A ideia de mudar as condições alimentares em regiões difíceis é incrível, mas vale lembrar que cidades mais inteligentes não são feitas somente por uma iniciativa isolada, mas sim um conjunto de ações que cobrem diferentes áreas e, assim, dão uma visão 360º do que acontece na comunidade.

Pode parecer um caso isolado, mas deve ser cada vez mais comum ter a agricultura urbana como pauta, tanto é que o tema é uma das 17 verticais analisadas na chamada ISO das cidades inteligentes, a ISO 37100, dentro do item 20, "Agricultura urbana/local e segurança alimentar", com indicadores como:

- Total da área agrícola urbana por 100 mil habitantes.

- Quantidade de alimentos produzidos localmente como porcentagem do total de alimentos fornecidos à cidade.

- Porcentagem do orçamento municipal anual destinado às iniciativas de agricultura urbana.

- Porcentagem da população da cidade que pode ser servida por reservas de alimentos da cidade por 72 horas em uma emergência.

Este texto foi originalmente publicado na coluna Renato de Castro, de Tilt.

Acesso direto

■ Redes Neurais

Estudo aponta novas doenças e desilusão de jovens como ameaças pós-pandemia

Há tempos que estamos conversando sobre cidades mais inteligentes e o quanto elas colaboram para suportar o dia a dia de comunidades e mitigar problemas corriqueiros. Falamos, por exemplo, da startup carioca ⬈ que tem mirado nos alagamentos e até um sistema de transporte coletivo do futuro ⬈. Tudo isso já era uma tendência. A pandemia de Covid-19 ⬈ somente acelerou o processo.

Fato é que mais do que nunca quase o mundo inteiro está falando sobre novas tecnologias aplicadas e também está consumindo mais recursos tecnológicos. Não é surpresa, então, que o *Relatório Global de Riscos 2021* do Fórum Econômico Mundial tenha questões sobre ambiente, sociedade e tecnologia lado a lado entre as principais conclusões do levantamento.

Para que você tenha uma ideia, entre os riscos de maior probabilidade de acontecerem nos próximos dez anos estão condições meteorológicas extremas, falha em ações para mitigá-las, danos ambientais causados pelo homem, concentração de poder digital, desigualdade digital e falha de segurança cibernética.

Ao falar sobre os riscos de maior impacto na próxima década, doenças infecciosas ocupam o primeiro lugar na lista. Mas engana-se quem pensa que o alerta veio somente após a pandemia que vivemos.

Treze anos antes de que se ouvisse falar sobre Covid-19, em 2006, o *Relatório Global de Riscos* chamou atenção para uma "gripe letal, com sua propagação facilitada pelos padrões de viagens globais e não contida por mecanismos de alerta insuficientes" e que teria "grave comprometimento de viagens, turismo e outros setores de serviços, bem como cadeias de suprimentos de manufatura e varejo".

No ano seguinte, o estudo apresentou um cenário de pandemia e o papel amplificador dos "infodêmicos". De acordo com a Organização Mundial de Saúde, a infodemia é o "dilúvio de informações — precisas ou não — que dificultam o acesso a fontes e orientações confiáveis".

Incrível, não? Estava lá para quem quisesse ouvir (na verdade, ler), mas ninguém deu atenção, de empresas a governos. Mas então, o que é o *Relatório Global de Riscos* e como ele consegue ser tão certeiro em algumas de suas projeções?

Antes de mais nada, precisamos falar sobre quem o publica, o Fórum Econômico Mundial, organização internacional de cooperação público-privada que reúne os principais líderes políticos, empresariais, culturais e outros da sociedade com o intuito de moldar agendas globais, regionais e industriais. De acordo com sua missão, eles acreditam que "o progresso acontece ao reunir pessoas de todas as esferas da vida que têm o ímpeto e a influência para fazer mudanças positivas".

A entidade publica anualmente uma série de relatórios que examinam em detalhes questões globais com o objetivo de melhorar o mundo. Entre eles, o *Relatório Global de Riscos*, que está em sua 16ª edição, analisa questões ligadas à sociedade, à tecnologia, ao meio ambiente, à economia e à geopolítica.

Como já era de esperar, com o coronavírus batendo na porta de todos diariamente, doenças infecciosas aparecem como risco número um em um curto período de tempo para 58% dos entrevistados. E o "corona" também teve reflexo no que é listado como risco: "desigualdade digital", "desilusão juvenil" e "erosão da coesão social", recentemente incluídos na Pesquisa de Percepção de Riscos Globais, foram todos identificados pelos entrevistados como ameaças críticas de curto prazo. Também pudera!

Confira os dados:
Quando os entrevistados preveem que os riscos se tornarão uma ameaça crítica para o mundo? (em % dos entrevistados)

Com a economia de diversos países do mundo parada por meses, pessoas perderam trabalho e recursos, o que fez com que todas as conquistas para redução da pobreza e da desigualdade no mundo feitas até agora retrocedessem radicalmente com o novo cenário.

Segundo a Organização Internacional do Trabalho, as horas de trabalho perdidas no segundo trimestre de 2020 equivalem a 495 milhões de empregos, ou 14% de toda a força de trabalho do mundo.

É muita gente, mas a lista de afetados não se limita a trabalhadores: os mais velhos estão mais vulneráveis à doença, os mais jovens enfrentam problemas de aprendizado, há questões de saúde mental, a incerteza da economia do âmbito individual a global, além das questões ambientais que têm nos acompanhado há anos.

A parte boa é que sabemos que uma hora esta pandemia irá acabar. A questão que fica é: outras podem surgir?

Um <u>levantamento do Instituto Internacional de Pesquisa de Política Alimentar</u> não é muito animador: em média, uma doença infecciosa surge em humanos a cada quatro meses, sendo que 75% delas são provindas de animais.

Com isso em mente, o relatório do Fórum Econômico Mundial elenca autoridade institucional, financiamento de risco, coleta e compartilhamento de informações e equipamentos e vacinas como quatro áreas-chave na resposta à Covid-19 que podem ser levadas para o futuro. Mas, infelizmente, não é só aprendizado que vamos levar conosco.

Apesar de a desilusão juvenil também ser vista como um risco de curto prazo que seguirá, a pesquisa descobriu que o tema está sendo amplamente negligenciado pela comunidade global e alerta: caso a geração atual não veja saída para oportunidades futuras e perca a fé nas instituições econômicas e políticas de hoje, todas as conquistas de hoje serão em vão.

A "geração pandemia", do inglês *pandemials*, corre o risco de ficar perdida, já que a falta de oportunidades para participação econômica, social e política pode ter consequências duradouras.

Ainda temos muito o que falar sobre as 97 páginas do relatório.

Este texto foi originalmente publicado na coluna Renato de Castro, de Tilt.

Acesso direto

Aulas, cozinha e saúde mental: cidade usa Facebook para aguentar quarentena

Tenho acompanhado de perto a crise da Covid-19 no Brasil. Em junho de 2020, a reabertura das atividades não essenciais em várias cidades, mesmo com os números ainda em crescimento, foi uma medida bem arriscada. Pelo menos não foi assim que fizemos aqui na Itália. Gostaria de dividir com vocês um pouco das ações que a Itália passou a implementar para tentar mitigar os efeitos econômicos da crise.

Sendo o primeiro país na Europa a ser drasticamente afetado pelo vírus, após anos de estagnação tecnológica, a Itália tem se esforçado para ser a mudança. Em um cenário bem parecido com uma guerra mundial, estamos todos no mesmo barco, em risco e necessidade de ajuda, o que faz com que seja mais fácil e eficaz pedir auxílio àqueles que já nos conhecem e têm as mesmas raízes. Baseado nesses princípios, começamos aqui, na pequena cidade onde moro, uma ousada estratégia de economia KM 4.Zero, um novo paradigma que combina o superlocal (km zero) ao hipertecnológico (4.0) e que discutimos no capítulo 7.

Localizada na área do Vêneto e com um pouco mais de cinco mil habitantes, Rovolon está a 10 quilômetros de distância do epicentro da Covid-19 na região, o que nos fez ficar em quarentena desde o final de fevereiro de 2020 (a medida só foi estendida para toda a Itália no dia 9 de março). Com literalmente todas as atividades econômicas fechadas e a população trancada em casa, juntos, como sociedade organizada, resolvemos assumir o controle de pequenas mudanças que teriam grande impacto.

Plataforma de engajamento comunitário

No dia 2 de março, começamos a primeira ação pós-coronavírus ao criar uma página no Facebook para o projeto Smart School Veneto, cujo foco, inicialmente, era minimizar o impacto do fechamento das escolas no aprendizado das crianças do município.

O que começou apenas como um projeto educacional acabou por se tornar uma plataforma de conteúdo, principalmente de vídeos, relacionado à rotina da comunidade. Criada para um público de apenas cinco mil pessoas, as estatísticas da página mostram que o projeto foi muito além das fronteiras da pequena cidade:

Reach	Post engagements	Link clicks
350.3K	173K	2,758

Com um calendário de conteúdo fixo, a página passou a movimentar profissionais que tiveram que parar suas atividades durante a quarentena e diversos canais foram criados, por exemplo:

Elly and Mr. Pig

ELLY AND MR. PIG
2K followers
English classes for all ages.....
✓ Following

Com foco no público infantil, todas as terças-feiras um vídeo com 20 minutos de duração incentiva o aprendizado da língua inglesa. Seguindo metodologias de escolas internacionais, onde as aulas são ministradas 100% em língua estrangeira, os vídeos da Elly and Mr. Pig têm atraído também adultos não só da Itália, mas da Espanha e até mesmo da Argentina, onde a comunidade italiana é bastante significativa. Os primeiros vídeos da série já somam mais de 20 mil visualizações.

Pílulas de Psicologia

PILLOLE DI PSICOLOGIA
2K followers
aiutando ad affrontare il distanziamento sociale
✓ Following

Em 24 de março de 2020, a universidade de Harvard publicou o estudo *Evaluating Covid-19 Public Health Messaging in Italy*. Como principais resultados, o estudo apontou que as orientações do governo relacionadas à saúde pública foram assimiladas e seguidas pela população em geral. Exceto pelo cumprimento ligeiramente menor entre jovens adultos, todos os subgrupos estudados — incluindo aqueles que não confiavam no governo ou na veracidade e intensidade dos fatos relacionados à crise — compreenderam as regras de distanciamento social. O estudo também alertou que um longo período de quarentena poderia gerar sérios efeitos negativos na saúde mental da população.

Em parceria com uma clínica de psicologia e bem-estar da região, todas as quartas-feiras um novo vídeo abordava questões ligadas à saúde mental e ao distanciamento social como vida em casal, emoções das crianças, individualismo e família.

Cozinha Faça Você Mesmo

A cada final de semana, um vídeo de uma receita preparada por um membro da comunidade era publicado, e o foco não era somente a culinária italiana. Com uma cultura regional (vêneta) muito forte, a percepção da diversidade cultural como fator positivo para a comunidade ainda é baixa e, por isso, temos incentivado que pessoas de outras culturas também participem. Já tivemos receitas chinesas, peruanas, eritreias, espanholas e uma edição especial de uma receita de imigrantes no Brasil que foi gravada em língua talian (também conhecida como o vêneto brasileiro) em Cotiporã, no Rio do Grande do Sul. No final de cada vídeo, todos são "desafiados" a replicar as receitas em suas casas e a compartilhar fotos de seus pratos.

Mercado KM Zero

MERCATO KM ZERO
2K followers ✓ Following

Il primo marketplace della nostra regione, 100% gratuito, per promuovere le nostre attività locali e aiutare il rilancio dell'economia.

Chegou então a vez de os empresários mostrarem seus negócios.

Sem o costume de utilizar ferramentas digitais para se comunicarem com seus clientes, a página passou a ser uma oportunidade não só para informar a comunidade que seus produtos estavam sendo entregues em domicílio como, também, uma plataforma para explorar esse novo método de comunicação.

A experiência mais interessante foi a de uma padaria, que orientamos a fazer um tutorial de como produzir um pãozinho francês em casa. Depois de um processo longo e cansativo de três horas que resulta em um pão que não fica nem de perto igual ao da padaria, as pessoas passaram a valorizar muito mais o simples pãozinho que custa menos de R$ 1. Mais que um incremento nas vendas, houve certamente um grande aumento na percepção da relevância dessa empresa para a sociedade local.

Você acha que as redes sociais ↗ podem ajudar também na retomada econômica no Brasil? Conhece algum caso de sucesso na sua cidade? Vamos ajudar o Brasil neste novo desafio nacional. Nós já estamos escrevendo o primeiro capítulo da nova história aqui na Itália.

Este texto foi originalmente publicado na coluna Renato de Castro, de Tilt.

Acesso direto

Como funciona o sistema de segurança de Moscou que usa o "Facebook russo"

A CIDADE DE MOSCOU CONTA com aproximadamente 170 mil câmeras de monitoramento espalhadas pela cidade e que acompanham cidadãos e turistas 24 horas por dia. O sistema tem sido utilizado para identificar infrações e crimes, bem como monitorar atividades realizadas pela prefeitura. O projeto vem sendo gerenciado pelo governo local nos últimos anos em parceria com a iniciativa privada e os cidadãos, reduzindo a necessidade de investimento do dinheiro público. Já foram investidos mais de US$ 250 milhões (R$ 1,3 bilhão) ao longo dos últimos anos.

Nos últimos cinco anos, o governo de Moscou intensificou os esforços para implantar câmeras ao redor da cidade que permitem um controle de atividades em áreas públicas 24 horas por dia, sete dias por semana. As câmeras foram instaladas em diversos lugares, de entrada de edifícios ao sistema de metrô, que auxiliam a administração pública a verificar se o lixo é coletado, se algum veículo ultrapassa o limite de velocidade, se a neve foi retirada de vias públicas ou se algum anúncio ilegal está nas ruas da cidade. Além disso, o município diz que os índices de criminalidade caíram drasticamente após a implantação do sistema. De acordo com o departamento de informação de Moscou, 75 mil infrações são flagradas por dia, o que, geralmente, resulta em multas.

A longo prazo, Moscou planeja usar a tecnologia para registrar evidências e investigar crimes, além de coletar informações durante as eleições. Para isso, o município está trabalhando para tornar o sistema mais inteligente de modo que as imagens de vídeo possam ser analisadas mais profundamente e o próprio sistema passe a emitir as multas.

Dmitry Golovin, que lidera a divisão de vigilância por vídeo do Departamento de TI de Moscou, revelou durante o fórum Security Technologies que, das 170 mil câmeras, boa parte já está conectada a um sistema de reconhecimento facial que compara automaticamente imagens ao vivo aos bancos de dados de pessoas procuradas pela polícia, seja por crimes que já aconteceram ou suspeitos de atividades terroristas. A tecnologia, que também está integrada à versão russa do Facebook, o _VKontakte_, e o banco de dados de passaportes, tem sido usada há alguns anos, mas foi só recentemente conectada aos dados da polícia, o que colaborou para que, nos dois primeiros meses de funcionamento, seis procurados por crimes graves fossem presos.

O "Big Brother" russo tem preocupado habitantes e turistas em relação à sua privacidade. Segundo autoridades do governo, as câmeras são utilizadas somente por serviços de segurança para prenderem criminosos e é possível vê-las claramente, mas não há nenhum sinal indicando a presença delas.

A Rússia tem trabalhado em conjunto com a China para desenvolver seu sistema de vídeo vigilância urbana em Moscou, tendo a maioria das câmeras instaladas na entrada de edifícios e locais públicos. A população também tem a liberdade de conectar as suas próprias câmeras ao sistema e todas as informações capturadas são enviadas para o Centro Geral de Armazenamento e Processamento de Dados.

O projeto de introdução de câmeras inteligentes ⬈ foi lançado na capital russa em 2017, quando mais de três mil câmeras foram conectadas ao sistema de reconhecimento facial. Em 2018, quando o país sediou a Copa do Mundo da Fifa, a iniciativa se tornou de conhecimento público quando a polícia prendeu durante o evento mais de 180 pessoas que estavam foragidas.

Atualmente, entre a polícia e as agências de segurança federais e regionais, mais de 16 mil usuários têm níveis de acesso diferentes ao sistema de monitoramento, e todas as interações com o sistema ficam registradas. A polícia, por exemplo, deve solicitar informações específicas, de acordo com a lei atual, e as agências federais só podem acessar as câmeras nas áreas e rotas pelas quais são responsáveis.

Vários projetos relacionados a novas tecnologias aplicadas à segurança pública vêm ganhando destaque no Brasil. O carnaval de Salvador tem servido de palco para projetos-pilotos em reconhecimento facial que ganharam destaque nacional. A possibilidade de integrar as câmeras privadas já existentes na cidade — como as de comércio, indústria, bares, restaurantes e condomínios — pode ser uma grande oportunidade para potencializar o aparato de segurança sem a necessidade de investimentos por parte do governo.

Tecnologias relacionadas à inteligência artificial ⬈ e ao reconhecimento facial estão causando polêmica em todo o mundo. Países com maiores índices de criminalidade, como o Brasil, tendem a serem mais flexíveis à aceitação desta troca de privacidade por segurança.

Você estaria disposto a viver nesse "Big Brother" urbano? Precisamos aprofundar essa discussão.

Este texto foi originalmente publicado na coluna Renato de Castro, de Tilt.

Acesso direto

Reconhecimento facial em local público: o quanto vale a sua privacidade?

Até dia 2 janeiro de 2020, um sistema de reconhecimento facial implantado pela Secretaria da Segurança Pública da Bahia (SSP-BA) ajudou a encontrar 109 pessoas procuradas pela polícia do estado. No outro lado do mundo, mais de 200 milhões de câmeras públicas que controlam os passos de cidadãos e turistas têm ajudado a China a prender suspeitos de assassinatos em série, por exemplo, e até mesmo a diminuir filas em aeroportos, já que câmeras de monitoramento e softwares avaliam o perfil dos passageiros antes mesmo da checagem manual de documentos.

Na contramão do governo chinês, que restringe até mesmo o que as pessoas em seu país podem acessar na internet, em maio de 2018 entrou em vigor o Regulamento Geral de Proteção de Dados da União Europeia, o que fez com que diversas empresas tivessem que adaptar tarefas cotidianas às novas regras que dão ao usuário o poder de saber o que as companhias fazem com a sua informação.

Em agosto de 2020, a Lei Geral de Proteção de Dados Pessoais ↗ sancionada pelo então presidente Michel Temer em agosto de 2018 entrou em vigor e, recentemente, a comissão da União Europeia anunciou que está considerando banir o uso de reconhecimento facial em áreas públicas. Se 83% dos cidadãos chineses consideram a tecnologia de reconhecimento facial como algo positivo para aumentar a sensação de segurança ↗ (dados da agência de notícias chinesa Xinhua), por que a União Europeia quer banir seu uso por até cinco anos e há cada vez mais regulamentações sobre a privacidade de dados? ↗ A resposta pode vir também da China.

Além de identificar autores de crimes bárbaros, as câmeras também flagram quem comete pequenas infrações, como jogar papel no chão ou atravessar a rua fora da faixa de pedestre. Para tentar diminuir tais ações, a prefeitura de Xiangyang instalou telões nos cruzamentos mais populares da cidade para mostrar a todos os flagrantes de pequenos delitos. Imagine você aparecendo no telão por ter atravessado fora da faixa de pedestre, como você se sentiria?

Para o acadêmico de direito da cidade de Hangzhou, Guo Bing, o limite foi ultrapassado. Enquanto antigamente ele costumava passar seu tempo livre em um parque local, se quiser fazer o mesmo agora, terá que digitalizar seu rosto. Inconformado, ele abriu o primeiro processo na China pelo uso de reconhecimento facial violar sua privacidade ↗. A parte mais curiosa nisso tudo é que, embora o país asiático seja o que mais utiliza a tecnologia, estudos sugerem que algoritmos de reconhecimento facial têm menos precisão na identificação de negros e asiáticos. Será que o Oriente está um passo à frente do Ocidente?

De volta à Europa, a polícia do Reino Unido já fez testes com o uso da tecnologia, o que fez com que alguns políticos se manifestassem contra a inciativa, afinal, não há uma regulamentação clara sobre o que pode ou não pode. Lembra que falei anteriormente que a União Europeia quer suspender o uso de reconhecimento facial em lugares públicos? Então, a discussão toda começou no Reino Unido, que está deixando a União Europeia.

Como toda história tem dois lados, não é diferente com essa tecnologia. Ela está aí para minimizar os problemas urbanos se usada com ética e responsabilidade. Ainda estamos no momento de tentar entender o que é aceito pela população e o quanto estamos dispostos a pagar por isso. Afinal, quanto vale a sua privacidade? Como o reconhecimento facial impactaria a sua vida? Você acha que a União Europeia está certa em bani-lo de lugares públicos?

Este texto foi originalmente publicado na coluna Renato de Castro, de Tilt.

Acesso direto

Cidade digitalizada identifica até a janela de um prédio: isto é Singapura

IMAGINE UMA CIDADE ONDE HÁ TANTOS ELEMENTOS conectados ao mundo digital que é possível simular, em um ambiente virtual, como uma mudança impactaria os munícipes antes mesmo de implantá-la. Parece coisa do futuro, não é mesmo? Mas isso já existe!

Conhecido por seu tamanho reduzido e alta densidade populacional, Singapura percebeu que seus negócios não têm muito espaço para erros e, assim, criou o Virtual Singapore. Com um investimento de S$ 73 milhões (aproximadamente R$ 225 milhões), o governo construiu um modelo do país em três dimensões que inclui não só o mapeamento topográfico da região como, também, informações detalhadas de objetos, desde sua composição até textura. A parte mais legal disso é que é o computador que interpreta a informação do mundo real. Ao analisar um prédio, por exemplo, ele automaticamente identifica o tipo de telhado, janelas e portas. Bacana, não?

Em cima de tudo isso, uma gama de dados estáticos e dinâmicos provindos de semáforos, pontos de ônibus e sensores espalhados pelo município demonstram o comportamento das pessoas em cada cenário. Já falamos em outro texto sobre o conceito de *smart data lake*. Lá já funciona! Se você pensa que a cidade é quase um Big Brother, não se engane: é informação estatística trabalhando em favor dos que ali residem.

Com essa nova ferramenta, é possível prever se é necessária a construção de novos trajetos para reduzir o congestionamento de pessoas durante uma obra, por exemplo, ou ainda prever qual seria a melhor alternativa de ponte para atender às necessidades do bairro em que ela será construída. Fora isso, é possível que projetistas simulem o impacto da temperatura, da luz solar e de ruídos em novos projetos, o que permite que ambientes mais confortáveis e agradáveis sejam criados.

O mundo virtual também beneficia outras indústrias além da construção. Informações sobre a altura de edifícios, a área dos telhados e a quantidade de luz solar que eles recebem, por exemplo, podem ser utilizadas para identificar os locais onde a produção de energia solar é mais eficaz. A plataforma também pode ser utilizada para estimar a quantidade de energia solar que pode ser gerada, bem como a economia de recursos e custos.

Você provavelmente se lembra de que antes do Google Maps nossas cidades eram mapeadas no papel a partir de fotos tiradas de helicópteros pela prefeitura. Esse processo manual fazia com que boa parte da informação ficasse defasada com o passar do tempo. Para contornar essa situação, dentro do programa Smart Nation Singapore, do qual a Virtual Singapore faz parte, o governo tem incentivado órgãos públicos e empresas a disponibilizarem dados de sensores publicamente de modo que qualquer pessoa possa participar e cocriar soluções para a cidade inteligente. Com dados em tempo real de diversas fontes, é bem improvável que o sistema ficará desatualizado.

Com tantas ideias, não é à toa que Singapura levou o troféu de *smart city* do ano de 2018 no congresso mundial Smart City Expo. Segundo o júri do evento, "Singapura tornou-se, sem dúvida, referência global de transformação e como implementar soluções urbanas inteligentes de maneira significativa que não apenas melhoram o funcionamento da cidade, mas também, os serviços prestados aos cidadãos e, por consequência, a qualidade de vida".

Você concorda que Singapura é uma das cidades mais tecnológicas do mundo? O que você acha desse mapa virtual?

Este texto foi originalmente publicado na coluna Renato de Castro, de Tilt.

Acesso direto

Conheça a arma secreta do Rio de Janeiro no combate à Covid-19

Centros de operações ao redor do mundo têm se mostrado eficientes não somente para auxiliar a administração municipal e por integrar diversos órgãos em um só ambiente, mas também por permitir que ações sejam tomadas rapidamente para corrigir falhas ou situações que ocorrem na cidade.

A equipe do Centro de Operações da Prefeitura do Rio de Janeiro (COR) tem contribuído para a promoção da integração e mobilização das equipes da cidade. Desde a segunda semana de março de 2020, quando foi decretada pandemia mundial da Covid-19, o COR está diretamente envolvido em diversas frentes de trabalho, que se desdobram em dezenas de ações tático-estratégicas em apoio ao trabalho da prefeitura.

Conversei com o CEO do COR, Alexandre Cardeman, sobre o grande desafio de comandar a maior Sala de Controle da América Latina durante uma emergência global. Resiliência, monitoramento de sinais de celulares, câmeras compartilhadas, inteligência artificial ⧉... Um verdadeiro arsenal à disposição da Cidade Maravilhosa no combate à Covid-19. Confira aqui o vídeo completo.

Assista o vídeo →

Este texto foi originalmente publicado na coluna Renato de Castro, de Tilt.

Acesso direto

Como a inteligência artificial já está turbinando a segurança no Brasil

JÁ IMAGINOU SE FOSSE POSSÍVEL CHAMAR uma viatura de polícia simplesmente apertando um botão no celular como fazemos com o Uber? Ou se pudéssemos engajar a população para apoiar o poder público na resolução dos problemas de segurança das nossas cidades? Foi exatamente com estas duas questões que Alex Berenguer, CEO da CITZs, iniciou sua apresentação no painel que discutiu a nova era dos aplicativos municipais.

No vídeo *Apps municipais*, disponível no YouTube, podemos conferir o *pitch* de uma *startup* brasileira que oferece uma solução para mitigar os problemas de segurança pública com o uso de inteligência artificial.

Com um projeto-piloto na cidade de São Paulo, a iniciativa conta com quatro soluções integradas: uma central de atendimento, um aplicativo para o cidadão, um para a patrulha e outro para mulheres que estão sob a proteção da Lei Maria da Penha, tudo funcionando em tempo real. Por trás da tecnologia, existem algoritmos avançados que são capazes, inclusive, de diferenciar uma chamada real de um trote.

Estamos realmente avançando de forma rápida para uma realidade de cidades superconectadas com câmeras de reconhecimento facial monitorando a todos continuadamente e cidadãos ávidos para colaborar com o governo. Tudo isso parece superpositivo, mas estamos prontos para toda essa tecnologia? No início de abril de 2020, no Rio de Janeiro, por exemplo, o sistema implantado pela polícia em Copacabana confundiu uma moradora do bairro com uma foragida. E não foi a primeira vez que isso aconteceu.

O que você acha disso tudo? Estamos evoluindo para a direção correta ou esse grande *Big Brother* urbano criará ainda mais caos e confusão?

Este texto foi originalmente publicado na coluna Renato de Castro, de Tilt.

Acesso direto

Home office: espaço virtual simula a vida social do trabalho em tempo real

O HOME OFFICE, que nasceu como uma flexibilização *cool* de empresas mais descoladas, no estilo Silicon Valley, acabou virando uma das pouquíssimas opções durante a atual pandemia de coronavírus. Mas estamos nos dando conta que somos realmente seres sociáveis. Sentimos falta do contato físico ou pelo menos desse sentimento de estarmos inseridos em um contexto mais coletivo.

Essas transformações nas relações de trabalho têm impactado de forma definitiva as rotinas no mundo corporativo. A adaptação à dinâmica do trabalho remoto — que envolve barreiras físicas — traz um desafio: como promover a conexão humana que agora tanto nos faz falta? Apesar de não ser uma tarefa simples, é possível contar com a ajuda da tecnologia. Lembram do novo paradigma superlocal x hipertecnológico ⧉ que discutimos anteriormente?

A startup AntsBox ⧉ lançou agora uma ferramenta que renova as práticas de trabalho flexíveis. Com avatares personalizados e ambiente totalmente customizável e interativo, o AntsBox é um escritório virtual visto de cima, que reúne, em tempo real, pessoas de diferentes locais em um único ambiente. Ou seja, mesmo estando em casa, temos a sensação do contato físico! Muito bacana, não acham?

O escritório virtual permite que pessoas em qualquer lugar no mundo consigam interagir naturalmente e em tempo real como se estivessem lado a lado no escritório físico. Com apenas um clique, é possível se deslocar de uma sala para outra e ver quem está acessível ou indisponível, podendo se comunicar com quem já está nesse espaço, chamar para conversas particulares e obter respostas em tempo real.

Nós conversamos com Alexandre Alves, CEO da empresa TIP, um dos idealizadores desse projeto fantástico e com um superpotencial de conquistar o mundo. O mais bacana de tudo é que o projeto foi realizado com tecnologia e mão de obra 100% nacionais.

Estamos à beira de uma nova revolução. Se por um lado ela já vinha sendo fomentada pela digitalização do mundo e pela conectividade, que eliminou fronteiras e estimulou a troca de ideias, por outro estamos vendo o alvorecer de uma nova ordem mundial: a localização ⧉. E parece que essa tendência irá muito além dos aspectos geopolíticos ou das relações comerciais entre países ou cidades. O chamado superlocal influenciará também nosso estilo de vida e nossa forma de trabalhar. Bem-vindos ao "novo normal" do *home office*!

Ficou curioso? Então assista à *live* na íntegra e entenda como o futuro do *home office* mundial não veio desta vez daquele "VALE famoso", mas sim de Valinhos, uma belíssima cidade de pouco menos de 130 mil habitantes, localizada no interior de São Paulo.

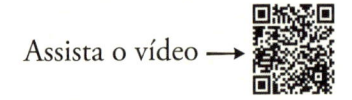

Assista o vídeo →

Este texto foi originalmente publicado na coluna Renato de Castro, de Tilt.

Acesso direto

Exemplo mundial: como uma cidade usou bibliotecas para reduzir a violência

COMO BOM CARIOCA QUE SOU, eu venho convivendo desde que nasci com a violência. Não precisa nem olhar as estatísticas nacionais mais recentes para entender a situação de guerra que o Rio vive (desde sempre). O complexo relevo da cidade que desenha os cenários paradisíacos da Cidade Maravilhosa é o mesmo que acaba agravando a situação socioeconômica, com a formação das comunidades mais carentes nos morros e a grande dificuldade da ação do governo, tanto do ponto de vista social quanto da segurança pública. Resumindo: a violência no Rio, com todo o poder do tráfico de drogas e a falta de um interesse político legítimo não tem solução, certo? Bem, pode não ser bem assim!

Um projeto ousado na Colômbia conseguiu resolver um problema semelhante em uma cidade que já foi considerada uma das mais violentas do mundo e que tinha um conhecido cartel de drogas. Segunda maior cidade da Colômbia e capital da região de Antioquia, Medellín abriga dois milhões de habitantes (3,7 milhões, se considerada a área metropolitana).

No estudo *Global Metro Monitor*, conduzido pelo centro de pesquisa americano Brookings em 2014, a cidade foi a que teve melhor desempenho na América Latina na combinação de duas variáveis: crescimento do PIB per capita e geração de emprego. Responsável por aproximadamente 10% do PIB da Colômbia, o município tem um PIB per capita de US$ 19.625.

A série *Narcos*, da Netflix, que retrata a história do traficante Pablo Escobar, lembra os momentos de horror que a cidade de Medellín viveu na década de 1990, quando era comum encontrar cadáveres no meio da rua. Com terreno irregular por ficar no meio da Cordilheira dos Andes — o que lembra os morros do Rio de Janeiro que comentamos anteriormente —, o município chegou a ser considerado o mais violento do mundo ao atingir uma taxa de 380 homicídios por 100 mil habitantes. O medo de sair às ruas, sequestros, extorsões e quadrilhas de todos os tamanhos começou a mudar há duas décadas, quando entrou em ação o que ficou conhecido como Modelo Medellín.

Após um mapeamento da cidade, o governo constatou que onde faltava presença do Estado, sobrava violência. Assim, resolveu mapear pontos estratégicos e fazer ali tudo o que fosse possível em prol da comunidade. Para trazer a população a bordo, onde iria ser construída uma biblioteca, por exemplo, anos antes iniciava-se uma feira de livros no local.

Com essa ideia em mente, o município passou a construir as bibliotecas parque —complexos urbanos de arquitetura moderna que têm como edificação central uma biblioteca com equipamentos tecnológicos modernos, amplos espaços públicos e áreas verdes. Inicialmente, entre 2005 e 2008 foram construídas cinco unidades. A grande demanda fez com que o plano fosse estendido para mais cinco outros centros que foram construídos entre 2009 e 2011, passando a beneficiar cerca de 784 mil pessoas.

O projeto de bibliotecas parque de Medellín deu tão certo que os índices de violência caíram drasticamente e o município passou a ser reconhecido como cidade-modelo.

Em um concurso realizado pelo *The Wall Street Journal* e pelo banco Citibank, em parceria com o Urban Land Institute, Medellín foi eleita a cidade do ano em 2013 por causa das transformações sociais que realizou.

Foi exatamente essa forte atuação na área social, quebrando as barreiras sociais e aproximando os cidadãos, que hoje reconhecemos como uma das principais políticas públicas para o enfrentamento e resolução da situação.

A Biblioteca Parque Espanha faz parte da série de projetos urbanos para a transformação da cidade e sua construção quis refletir a organização e extensão do programa. Visível a partir de boa parte do município, tornou-se símbolo da nova Medellín. A ideia foi ter três diferentes grupos que se integram por meio de uma plataforma mais baixa, o que permite maior flexibilidade e autonomia de uso, fazendo com que haja mais participação da comunidade.

Além disso, o conceito quis transportar moradores da pobreza vivenciada no exterior para um ambiente acolhedor, com luz natural e que instigue os estudos e palestras. As pequenas janelas sugerem a relação com o mundo exterior e deixam a luminosidade entrar por cima da estrutura. Muito bacana mesmo esse projeto.

Em 2019, tivemos a publicação de uma nova ISO, a 37122, com os indicadores para cidades inteligentes, diretamente relacionados ao tema "Cidades e comunidades sustentáveis". Projetos de bibliotecas relacionados à cultura e educação são tão importantes que ganharam dois indicadores específicos na ISO 37122:2019:

- 17.3 Número de livros disponíveis em bibliotecas públicas e livros eletrônicos por 100 mil habitantes.
- 17.4 Porcentagem da população da cidade que é usuária ativa de bibliotecas públicas.
- A abordagem da importância da educação e preservação da cultura também tem um destaque especial na Agenda 2030 das Nações Unidas, ilustrado nos Objetivos de Desenvolvimento Sustentável:
- ODS 4 – Garantir educação inclusiva e igualitária de qualidade e promover oportunidades de aprendizado vitalícias para todos.
- ODS 11 – Cidades e comunidades sustentáveis.

Investimentos na promoção da cultura nas cidades brasileiras podem representar não somente uma agenda positiva para nossos governos municipais, mas principalmente uma forte fonte de captação de investimentos para projetos de cunho socioeconômico.

Como ilustrado no caso de Medellín, projetos relacionados à cultura, quando planejados de forma estratégica, podem ajudar a reduzir as diferenças sociais na cidade, engajar cidadãos e principalmente promover uma mudança radical na segurança pública, deixando um forte legado com capacidade de perdurar por décadas.

Sua cidade está investindo na cultura? Quais são os casos de sucesso de seu município? Vamos juntos ajudar a construir um Brasil mais sustentável, seguro e resiliente.

Este texto foi originalmente publicado na coluna Renato de Castro, de Tilt.

Acesso direto

Com UTIs lotadas, médicos vivem dilema de escolher o paciente que vai viver

Com mais de 15 mil casos de coronavírus, a Itália viveu um dilema nos corredores dos hospitais em março de 2020. Mais de 10% das pessoas infectadas precisaram ir para a UTI (unidade de tratamento intensivo). Com isso, os leitos foram rapidamente tomados e já não havia vagas para todos os pacientes em estado grave. O médico precisava decidir quem teria mais chances de sobreviver e quem teria menos.

Na Itália, o serviço público sempre funcionou bem, mas a epidemia de Covid-19 transformou a realidade dos hospitais. Quem sofreu um infarto ou acidente de carro e precisou de tratamento intensivo no hospital, não teve.

Além da superlotação, os hospitais enfrentaram a falta de equipamentos como o respirador, usado no tratamento de pacientes em estado grave.

A Sociedade Italiana de Anestesia, Analgesia, Reanimação e Terapia Intensiva (Siaarti, na sigla em italiano) divulgou um documento em que apontava as necessidades de tomar decisões difíceis neste momento: "Em uma situação tão complexa, todo médico pode ter que tomar decisões dilacerantes de um ponto de vista ético e clínico em um curto espaço de tempo: quais pacientes são submetidos a tratamentos intensivos quando os recursos não são suficientes para todos que chegam, nem todos com a mesma chance de recuperação".

Em outro trecho, o documento defende privilegiar a "maior esperança de vida": "Isso significa não ter que necessariamente seguir um critério de acesso do tipo *first come, first served* (primeiro a chegar, primeiro a ser atendido) à terapia intensiva. Queríamos sublinhar que a aplicação dos critérios de racionamento é justificável somente depois que todos os esforços foram feitos por todas as partes envolvidas para aumentar a disponibilidade de recursos que podem ser fornecidos e após avaliar qualquer possibilidade de transferência de pacientes para centros de tratamento com maior disponibilidade de recursos".

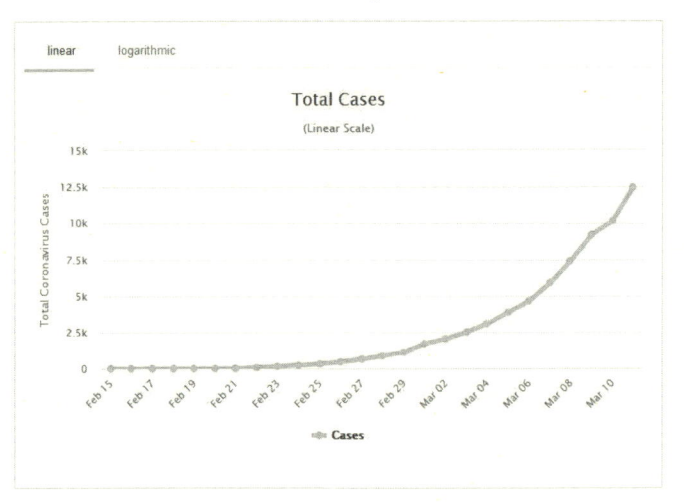

Total de casos de coronavírus na Itália até o dia 10 de março de 2020
(Fonte: Worldmeters.info)

No interior do país, como na região do Rovolon, o atendimento é feito por médicos de base, a versão italiana dos médicos de família do Brasil. Esses profissionais começaram a solicitar para fechar seus consultórios por causa do contágio de coronavírus que estava se espalhando entre eles. Na região de Bérgamo, na Lombardia, norte do país, 50 médicos foram infectados pelo coronavírus. Segundo o jornal *La Reppublica*, em março de 2020, três médicos morreram por causa da epidemia.

O presidente da Federação Nacional das Ordens de Cirurgiões e Dentistas (Fnomceo, na sigla em italiano), Filippo Anelli, solicitou ao governo a suspensão do livre acesso de pacientes aos ambulatórios para conter o contágio.

A gente já não tem hospital, porque todos estão lotados, e se os médicos de base pararem, a Itália vai ficar sem médicos para atendimentos, analisei na época.

Na noite de 12 de março de 2020, uma quinta-feira, o governo anunciou uma campanha nacional de doação de sangue. A todo momento, havia uma atualização ou uma informação emergencial. Nosso sentimento naquela época era de estado de guerra. O primeiro-ministro surgia na TV e corria todo mundo para a frente da televisão para saber o que estava acontecendo.

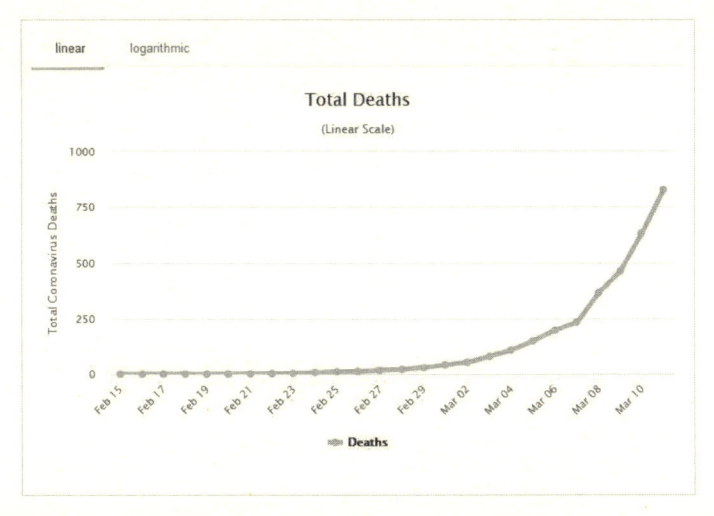

Total de mortes causadas pelo coronavírus na Itália até o dia 10 de março de 2020 (Fonte: worldmeters.info)

P.S. Por causa da epidemia, os professores de Rovolon não podiam mais ir à escola para dar aulas online durante esse período de quarentena, como ocorreu no primeiro dia (veja como foi a experiência na página ⧉...). Mas com a ajuda do governo local, foram comprados 12 computadores que foram entregues aos professores para que eles pudessem prosseguir com o trabalho.

A pedido do governo municipal, iniciei uma força-tarefa voltada para o setor de economia. Para esse projeto, foi criada a página *Rovolon Contro il Virus* ⧉, no Facebook.

Este texto foi originalmente publicado na coluna Renato de Castro, de Tilt.

Acesso direto

Capítulo 4

Smart Government

Não importa se vivemos em uma democracia liberal ou em um regime totalitário, todas as cidades do mundo são, de uma forma ou outra, governadas por um ente legal. A liderança político-social nos acompanha desde quando deixamos de ser nômades para virarmos seres sedentários, há mais de 12 mil anos. Dos chefes tribais aos chefes de Estado, pouco mudou do ponto de vista do poder, mas muito evoluiu, principalmente na relação entre os governos e os governados.

O conceito de cidades inteligentes prevê uma gestão no formato de governança *multistakeholder*, or multiatores. Atualmente, as principais teorias concordam na chamada hélice quíntupla, envolvendo cinco principais atores: o governo, a iniciativa privada, a academia, o terceiro setor e o cidadão (sociedade organizada).

Indiscutivelmente, o ator governo acaba tendo um papel crucial no planejamento e desenvolvimento das cidades inteligentes. Segundo a teoria da *Smart City Wheel*, *smart government* diz respeito ao "fortalecimento das conexões e interações entre o governo e as demais partes interessadas (*stakeholders*) dentro de um município. Um governo municipal que segue uma estratégia de cidade inteligente está em uma posição única para reconsiderar a qualidade, a escala e o escopo dos serviços para cidadãos e empresas que oferece. Seguir um modelo de "cidade como serviço" pode ajudar a aumentar a eficiência e eficácia, bem como a transparência e a confiança".

O novo modelo *The Neural*© considera cinco pilares urbanos contemporâneos para a dimensão do governo inteligente, são eles:

I.   **Investimentos e parcerias**
II. **Compras e licitações públicas** (*smart procurement*)
III. **Telecomunicações**
IV. **Dados abertos**
V.   **Governança**

Neste capítulo, discutiremos e analisaremos cada um desses pilares por meio de cases e histórias reais de projetos e políticas públicas desenvolvidas em diversas cidades pelo mundo. Dos novos conceitos das parcerias público-privadas com pessoas (PPPPs) à polemica mundial quanto à privacidade e aos dados abertos, nossos governos têm um árduo e importante trabalho pela frente na construção de cidades mais inteligentes.

5G para todos? Aqui vai a política de quem pretende governar uma *smart city*

CHEGOU A HORA QUE MUITOS ESPERAVAM. Hoje, vamos falar sobre um dos *stakeholders* principais na transformação de nossas cidades: o governo.

Independentemente da estruturação organizacional em esferas de governo (no caso do Brasil, federal, estadual e municipal), as cidades são, em todo o mundo, o núcleo mais importante, afinal, é nela que fazemos a política acontecer e onde as decisões governamentais impactam diretamente a vida dos cidadãos.

Seguindo a mesma metodologia das outras dimensões, no *smart government* também temos cinco pilares principais. São eles:

1. Investimentos e parcerias
2. Compras e licitações públicas (*smart procurement*)
3. Telecomunicações
4. Dados abertos
5. Governança

Antes de detalharmos cada um dos pilares urbanos contemporâneos acima, vamos relembrar o que diz a teoria *The Smart City Wheel* quanto ao *smart government*. Segundo ela, o governo inteligente visa fortalecer as conexões e interações entre o governo e todas as partes interessadas (*stakeholders*) — cidadãos, empresas, terceiro setor, academia e sociedade civil — dentro de um município.

Um governo municipal que segue uma estratégia de cidade inteligente está em uma posição única para reconsiderar a qualidade, a escala e o escopo dos serviços que oferece aos cidadãos e empresas.

Seguir um modelo de "cidade como serviço" pode ajudar a aumentar a eficiência e eficácia, bem como a transparência e a confiança.

Entre todas as seis dimensões, os pilares do *smart government* são provavelmente os mais universais de todos, pois não sofrem uma grande variação em função da cidade ou do modelo de governos analisados.

Então, seja aqui em Dubai, onde o governo é liderado por um *sheik*, ou lá em Juazeiro do Norte, não há variação significativa nesses pilares.

Vamos, então, entender mais sobre eles para tornarmos nossos governos mais inteligentes e resilientes:

1. Investimentos e parcerias

Tenho certeza de que esses conceitos você já conhece muito bem, ou pelo menos a importância deles na criação de cidades mais inteligentes. Mais que uma estratégia, os novos modelos de parcerias fazem parte de um processo de mudança de mentalidade. Desde 2016, eu venho trabalhando e falando sobre investimentos e parcerias no conceito da cidade *startup* (que deu nome ao meu livro de 2019).

Na prática, é o repensar de cidades existentes, ou o planejar de novas, seguindo quatro passos fundamentados nos princípios modernos de empreendedorismo e inovação ⧉ que encontramos na gestão de empresas *startups* ⧉.

Buscar parceiros estratégicos e mudar a mentalidade do ecossistema por meio do desenvolvimento de parcerias público-privadas com pessoas (cidadãos), as novas PPPs, é um passo fundamental nesta jornada. Assim, antes de perguntar qual seu orçamento para projetos de cidades inteligentes, pergunte o que sua cidade pode oferecer para atrair parceiros.

Um caso bem interessante é o do Centro de Operações Rio, COR, que convidou o Waze para um processo de cocriação com a cidade usando seus dados coletados em tempo real.

Do dia para a noite, o município, que tinha pouco mais de 700 câmeras instaladas na rua para monitoramento do trânsito, passou a contar com quase um milhão de cidadãos conectados enviando informações de trânsito e fotos em tempo real (atualmente, o Waze recebe mensalmente quase 1,5 milhão de notificações de seus usuários).

Apesar de o Rio continuar com um número considerado baixo de câmeras, ele tem um sistema de gestão de trânsito supereficiente e com um grande benefício: os dados ⧉ e informações gerados por pessoas podem ter mais qualidade que os gerados por máquinas. Além, claro, de gerar engajamento social.

Esse é o tipo de relação que chamamos *win-win*, que sem altos custos de implementação costuma trazer grandes benefícios para todos os envolvidos.

A cidade, praticamente a custo zero, resolveu um problema complexo, que envolveria altos investimentos em infraestrutura, de forma simples e participativa.

2. Compras e licitações públicas (*smart procurement*)

Com a rápida evolução da tecnologia, um grande problema tem atormentado governos no mundo inteiro: como adaptar os mecanismos de compra governamental a um ambiente em constante mudança.

As legislações específicas para as compras públicas muitas vezes são baseadas no princípio da comparação de preços, especificações técnicas e performance esperada.

Esse procedimento, que servia para criar transparência e livre concorrência, acabou virando um grande limitador para as compras de novas tecnologias, afinal, se a solução for única e não houver concorrentes, como comprar?

Como solução para esse problema, no Brasil, algumas cidades estão começando a criar legislações específicas para a compra pública de tecnologia, as chamadas leis da inovação. Em junho de 2018, Juazeiro do Norte, no Ceará, foi a primeira cidade brasileira a sancionar uma Lei Municipal de Inovação e Smart City (Lei Complementar nº 117/18).

O conceito de *smart procurement* abrange não somente as compras públicas, mas também a oferta e disponibilização (acesso) dos serviços do governo para os cidadãos.

Da carteira de identidade às certidões de cartório, tudo passa por essa estratégia de serviços digitais. Neste quesito, a série ISO 37100 define bem claramente alguns indicadores de performance que devem ser analisados na cidade, como o número anual de visitas online ao portal municipal de dados abertos por 100 mil habitantes e a porcentagem de serviços urbanos acessíveis e que podem ser solicitados online.

3. Telecomunicações

O pilar "telecomunicações" é bem complexo de ser analisado. Na verdade, essa é uma área transversal a todas as dimensões e é repercutida também em duas camadas de tecnologia: nas tecnologias de base, que analisamos em um texto anterior, temos a hiperconectividade; já na camada das tecnologias de ponta, a inteligência artificial ⬀, o *digital twin* (gêmeos digitais), *blockchain* ⬀, criptomoedas, veículos autônomos e por aí em diante, todos dependem das telecomunicações.

O modelo *The Neural*© trata as telecomunicações como um pilar do *smart government* por entender que é uma política pública, uma estratégia de desenvolvimento econômico que todo e qualquer governo deve assumir como um papel de liderança e proatividade.

As telecomunicações também são atualmente um fator primordial para a inclusão social, e a pandemia de Covid-19 nos mostrou a importância da digitalização para a sociedade moderna.

Seguindo as mesmas referências, os três conjuntos de indicadores da série ISO 37100 também nos fornecem índices para o planejamento e análise desse pilar urbano:

- ISO 37120:2018, que fala sobre os serviços municipais e qualidade de vida, o número de acessos à telefonia móvel e internet, bem como os recursos destinados a programas de redução de exclusão digital.

- ISO 37122:2019, tem indicadores de cidades inteligentes, como a população com acesso à banda larga, áreas cobertas por internet fornecida pelo município e área não conectada por serviços de telecomunicações.

- ISO 37123:2019, traz indicadores das cidades resilientes, incluindo a porcentagem de equipes de emergência na cidade equipadas com tecnologias de comunicação especializadas capazes de operar de maneira confiável durante um evento de desastre.

- Objetivo 9, dos Objetivos de Desenvolvimento Sustentáveis das Nações Unidas, que fala sobre construir infraestruturas resilientes, promover a industrialização inclusiva e sustentável e fomentar a inovação.

4. Dados abertos

Outro ponto importantíssimo e superpolêmico da atualidade é como lidar com a quantidade enorme de <u>dados</u> ↗ gerados diariamente nas nossas cidades e como podemos usá-los como ativos para a geração e distribuição de riqueza nos centros urbanos. Eu sou um defensor assíduo da expressão "Data is the new oil", ou dados são o novo petróleo.

O pilar "dados abertos" está também diretamente relacionado com o anterior, "telecomunicações". Conforme avançamos com a conectividade em nossas cidades, maior a quantidade de dados gerados. E agora, com o <u>5G</u> ↗, passaremos a uma era em que as coisas estarão conectadas entre si na chamada internet das coisas.

Para você ter uma ideia, segundo dados do IDC, até o ano que vem, o 5G deve gerar US$ 2,7 bilhões em novos negócios envolvendo tecnologias como inteligência artificial, realidade virtual e aumentada, internet das coisas, <u>nuvem</u> ↗, segurança e robótica.

Preparem-se para um crescimento nunca antes visto na geração, troca e armazenamento de dados!

De olho nesse conhecimento e na facilidade do acesso à informação de pessoas, em 2018, com a GDPR, a União Europeia substituiu a diretiva anterior de proteção de dados de 1995, tornando a legislação mais adequada para os dias de hoje. Seguindo o mesmo princípio, o Brasil criou a LGPD, que trata sobre o mesmo assunto, porém em território nacional.

No processo de dados abertos e compartilhamento de informações, é fundamental que regras e índices sejam estabelecidos para que, assim, todos sigam o mesmo padrão e o cidadão seja beneficiado.

Dentro das ISOs (série 37100), por exemplo, temos como um dos indicadores o número anual de visitas online ao portal municipal de dados abertos por 100 mil habitantes.

5. Governança

O último pilar diz respeito à "governança", que segundo o Tribunal de Contas da União são "os mecanismos de liderança, estratégia e controle postos em prática para avaliar, direcionar e monitorar a atuação da gestão, com vistas à condução de políticas públicas e à prestação de serviços de interesse da sociedade". Em outras palavras, não é só a forma que o governo operacionaliza suas atividades, mas também como está estruturado.

Além disso, mais do que nunca temos ouvido falar sobre ESG, sigla em inglês correspondente a meio ambiente (*environmental*), sociedade (*social*) e governança (*governance*), que mede as práticas empresariais relativas a esses temas e que tem papel importante aqui.

Dentro desse assunto, temos:

- ISO 37120, com índices de eleitores, participação nas últimas eleições, mulheres eleitas e condenação de agentes públicos por corrupção e/ou suborno.

- ISO 37122, que trata sobre o tempo médio de resposta a chamados não emergenciais, inatividade da infraestrutura de TI da cidade, serviços urbanos que podem ser solicitados online e o número de visitas ao site do município.

- ISO 37123, que aborda reuniões sobre resiliência, *back-ups* de dados públicos, frequência de atualização de planos de desastres, serviços e prestadores de serviços essenciais cobertos por um plano de continuidade.

- Objetivo 11 dos Objetivos de Desenvolvimento Sustentáveis da ONU, que fala sobre tornar as cidades e os assentamentos humanos inclusivos, seguros, resilientes e sustentáveis.

Ao falarmos sobre iniciativas públicas, é praticamente impossível deixar de mencionar, ou lembrar, algumas coisas do setor privado.

Diferentemente do passado, quando público e privado eram totalmente diferentes, temos notado que cada vez mais os serviços públicos têm incorporado pontos do privado para melhorar sua eficiência.

Investimentos e parcerias, compras e licitações, telecomunicações, dados abertos e governança estão cada vez mais conectados a outras áreas e cabe aos participantes desses processos identificarem como melhor tirar proveito do que têm ao seu dispor.

Na sua região, há alguma iniciativa de destaque em um desses pilares?

Este texto foi originalmente publicado na coluna Renato de Castro, de Tilt.

Acesso direto

Sim, é possível: por onde começar um projeto de cidade inteligente agora?

Já estava tudo preparado para eu escrever este texto diretamente de meu hotel no Rio de Janeiro. Passagem confirmada, reuniões agendadas e muita expectativa de um início de retomada, principalmente para mim, depois de quase 14 meses sem pisar em terras tupiniquins. Mas, com o fechamento das fronteiras da Itália e o cancelamento dos voos de grandes companhias aéreas europeias para o Brasil, foi inevitável: planos adiados, mais uma vez!

A vacina finalmente chegou, é verdade! Estávamos esperando ansiosamente por esse momento em todo o mundo. Problemas políticos à parte, no Brasil não era diferente. Arrisco até dizer que temos um complicador e uma expectativa a mais, que são o fato de estarmos iniciando um novo ciclo político, em plena emergência.

Coloque-se então no lugar dos nossos novos prefeitos e vereadores. Que desafio! Por onde começar? Como pensar de forma estratégica em médio e longo prazo, se é justamente o "agora" que precisa de nossa total atenção?

E mesmo com a luz no final do longo túnel começando a aparecer, a incerteza quanto à efetividade da vacina para as novas variações do vírus joga um balde de água fria até mesmo nos mais otimistas e bem-intencionados dos mortais.

Desde a publicação dos resultados das eleições municipais, em novembro de 2020, que eu tenho sido consultado sobre o tema do mundo pós-Covid-19 e as *smart cities*. Publicamos inclusive diversos textos aqui na coluna sobre o tema.

Como as novas tecnologias podem ajudar neste processo de retomada econômica? O que os governos municipais podem começar a fazer em um momento em que a emergência na saúde pública parece ser a única prioridade? Dúvidas, eu diria, universais.

Bem, na minha opinião é muito importante sempre tentar enxergar o chamado *big picture*, ou seja, a visão geral das coisas. Entender o passado é fundamental para gerenciar o presente e planejar o futuro.

"Se queres prever o futuro, estuda o passado."
Confúcio

Estude o passado! São exatamente as sábias palavras do ilustre pensador e filosofo chinês que nos dão o norte de por onde podemos começar o projeto de *smart city* em nossas cidades.

Como fazer da minha cidade uma cidade mais inteligente? Acho que essa é a pergunta mais recorrente dos meus últimos cinco anos. A resposta é sempre a mesma: *smart city não é um destino final, mas sim uma jornada. Longa, árdua e contínua.*

A boa notícia é que provavelmente sua cidade já iniciou esse percurso e ninguém se deu conta ainda!

Mas como fazer essa análise e começar a transformar a minha cidade? É exatamente isso que quero discutir com você.

Lembra-se do "estudar o passado" de meu amigo Confúcio? Que tal você começar pelo mapeamento dos projetos relacionados a soluções urbanas de sua cidade? Você tem ideia de tudo que já foi feito nesse tema por aí? Posso apostar que você vai se surpreender. Para viabilizar essa primeira análise, proponho três passos:

Passo 1 – Criação de uma força-tarefa local

Comece pelo levantamento dos principais atores (*stakeholders*) de sua cidade no que diz respeito a projetos urbanos.

Podemos começar pelos três mais "tradicionais", também conhecidos como tríplice hélice: governo, empresas e universidade. Mas atenção, as teorias mais atuais já falam da quíntupla hélice da *smart city*, incluindo o terceiro setor e a sociedade.

Garanto que não vão faltar voluntários em sua cidade interessados em contribuir! Isso também facilitará muito o levantamento, visto que muitos dos projetos que estamos buscando foram executados exatamente por esses atores.

Passo 2 – Mapeamento dos projetos

Uma vez instaurada a força-tarefa, comece o mapeamento.

Para nortear os trabalhos, defina uma metodologia a ser seguida. Você precisará de indicadores e principalmente de uma lógica para identificar e catalogar esses projetos dentro do contexto urbano.

Existem várias metodologias disponíveis no mercado e esse tema tem sido o grande questionamento na indústria das *smart cities* desde a década de 1980.

Sempre ouvimos falar do prestigioso ranking mundial das cidades inteligentes, mas, na verdade, nunca houve um consenso mundial principalmente pela falta de uma metodologia universal para usarmos na comparação.

Esse cenário começou a mudar com a publicação em 2018 da ISO 37120, também conhecida como a ISO das cidades inteligentes, que consiste em um conjunto de normas técnicas que avaliam a sustentabilidade urbana.

Hoje já contamos com três resoluções que podem nos ajudar no entendimento e na modelagem das nossas cidades inteligentes, com um total de 276 indicadores:

- ISO 37120 – Indicadores para serviços urbanos e qualidade de vida, composta por 128 indicadores.
- ISO 37122 – Indicadores para cidades inteligentes, composta por 80 indicadores.
- ISO 37123 – Indicadores para cidades resilientes, com 68 indicadores, mas com uma forte necessidade de uma revisão depois da pandemia de Covid-19.

A ideia não é aplicar a metodologia completa (ainda), levantando todos os indicadores, mas sim usá-la como guia para seu primeiro levantamento.

A ISO das cidades inteligentes propõe a análise dos indicadores em 19 verticais ou áreas relacionadas ao desenvolvimento urbano. São elas: economia, educação, energia, meio ambiente, finanças, governança, saúde, habitação, condições sociais, recreação, segurança, resíduos sólidos, esporte e cultura, telecomunicações, transporte, agricultura urbana, planejamento urbano, esgotos e água.

Esse já será seguramente um bom caminho para o nosso tão desejado *big picture*.

Passo 3 – Divulgação dos resultados

Nessa jornada da cidade inteligente, o engajamento de todos os atores é muito importante para o sucesso.

Muitas vezes, a percepção do resultado de um projeto urbano é mais importante que o resultado em si, uma vez que, se a sociedade não compreende os avanços feitos, provavelmente não dará valor.

Nesse caso, o resultado do trabalho inicial da força-tarefa será o mapa das soluções inteligentes da cidade. Use o máximo da criatividade e das tecnologias disponíveis para elaborar e promover esse mapa.

E o melhor, você pode encontrar diversas soluções gratuitas disponíveis para ajudar nessa tarefa. Aqui vão algumas ideias:

- Você pode usar o Google Maps para geolocalizar todos os projetos, facilitando a visualização pela sociedade.

- Com a pandemia e a dificuldade de eventos presenciais, surgiram varais plataformas especializadas na criação de pavilhões virtuais. Que tal criar um *hall* virtual para divulgar todos os projetos existentes na sua cidade relacionados às *smart cities*? Quem sabe as empresas privadas e universidades responsáveis pelo projeto não tenham até interesse em patrocinar essa promoção!

- Que tal criar um app para promover esses projetos, criando uma espécie de *city tour* para sua cidade? Basta envolver uma empresa de desenvolvimento de software ou o departamento de tecnologia de uma universidade parceira para viabilizar um projeto desta natureza sem custos!

Bem, para todos que leram e se interessam pelo tema, espero que tenham entendido que é sim possível iniciar um projeto de cidade inteligente em sua região em tempos de pandemia e sem necessariamente ter um orçamento disponível para isso.

Se você faz parte da gestão pública, é empresário, aluno ou professor de uma universidade ou é simplesmente um cidadão ávido a ajudar sua cidade, arregace as mangas, mobilize potenciais membros para sua força-tarefa e mãos à obra. Só depende de você.

Este texto foi originalmente publicado na coluna Renato de Castro, de Tilt.

Acesso direto

O que os vazamentos de dados nos ensinam sobre criar a sociedade do futuro?

Já conversamos sobre os riscos de curto prazo presentes no *Relatório Global de Riscos* ⬈, do Fórum Econômico Mundial, que, querendo ou não, todos nós estamos vivenciando. Doenças infecciosas lideram a preocupação dos pesquisados e a desilusão juvenil é um dos resultados da crise que temos passado.

Ao considerar o médio prazo (de três a cinco anos), entre os dez itens elencados há dois de caráter tecnológico: falha de segurança cibernética e falha de governança de tecnologia. Você deve estar se perguntando: médio prazo? Nós já estamos vivenciando isso. E você tem razão.

Fevereiro de 2021 começou com a notícia de que dados de mais de 220 milhões de brasileiros que incluíam, inclusive, informações de pessoas que já morreram, estavam disponíveis para compra na *deep web*.

Apesar da fonte de tais dados ainda ser desconhecida e investigações estarem em andamento, os criminosos têm lucrado desde o começo com o vazamento: um pacote que inclui informações sobre 100 pessoas físicas ou jurídicas é negociado por US$ 50 (cerca de R$ 268,50, em fevereiro de 2021). O quão importantes os dados passaram a ser ficou ainda mais claro no segundo anúncio de vazamento deste mês.

A empresa de cibersegurança PSafe detectou um novo vazamento envolvendo operadoras de telefonia na semana passada. Desta vez, registros de mais de 100 milhões de contas de celular, que incluem pessoas conhecidas como os jornalistas Fátima Bernardes e William Bonner, e o presidente da República, Jair Bolsonaro, que também fez parte do vazamento anterior, estão disponíveis para qualquer um na internet. O interessante é que o idioma não é barreira em casos assim: aparentemente, o hacker é estrangeiro e vende cada registro por US$ 1.

A presença de falha de segurança cibernética em curto e médio prazo se dá pela transformação que o mundo está passando.

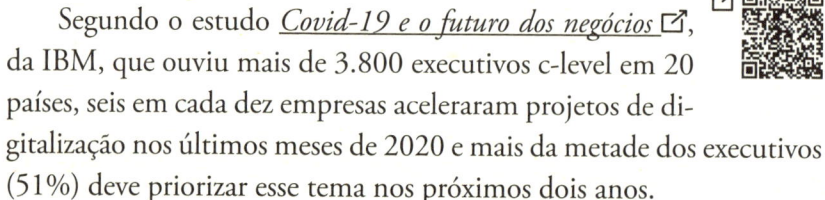

Segundo o estudo *Covid-19 e o futuro dos negócios*, da IBM, que ouviu mais de 3.800 executivos c-level em 20 países, seis em cada dez empresas aceleraram projetos de digitalização nos últimos meses de 2020 e mais da metade dos executivos (51%) deve priorizar esse tema nos próximos dois anos.

Ao passar do papel para o digital, os riscos também são migrados e, assim, novas medidas preventivas devem ser implementadas, e é aí que devemos ficar de olho nas falhas de governança de tecnologia.

Aqui na Europa, a GDPR (General Data Protection Regulation) entrou em vigor em 25 de maio de 2018 justamente para iniciar a regulamentação de um mundo que já estava ficando cada vez mais digital. No final de 2020, foi a vez de o Brasil colocar em prática sua legislação desse tipo, a LGPD (Lei Geral de Proteção de Dados Pessoais). Porém, ainda há um longo caminho a ser percorrido para que tudo e todos estejam adaptados às novas regras e ao novo universo.

Está cada vez mais claro que, assim como a sociedade, dificilmente entidades conseguem trabalhar sozinhas. A relação entre governos e empresas é cada vez mais nítida em inúmeros projetos e o *outsourcing* não é mais uma novidade, mas sim algo cada vez mais presente nas companhias.

Por falar em corporações e digitalização, é claro que muitas empresas de tecnologia tiveram resultados expressivos quando as compras, reuniões e aulas online se tornaram mais do que normais, e gigantes de tecnologia tiveram destaque ao implementar novas funcionalidades e soluções em tempo recorde.

O relatório aponta que, no início de janeiro de 2021, as cinco maiores empresas de tecnologia do mundo representavam 23% do S&P 500 — índice que mede o desempenho das ações de 500 grandes empresas listadas em bolsas de valores nos Estados Unidos — por capitalização de mercado, um crescimento de 4,6% em relação ao mesmo período do ano anterior.

Se pensarmos mais para frente, ao falarmos sobre riscos de longo prazo, ou ameaças existenciais, armas de destruição em massa, colapso do estado, perda de biodiversidade, avanços tecnológicos adversos, crises de recursos naturais, colapso da previdência social, colapso do multilateralismo, colapso da indústria, falha na ação climática e reação contra a ciência são listados. A dúvida que fica é: por que as pessoas reagiriam contra a ciência? Primeiramente, vamos entender esse conceito.

Segundo o relatório, a reação contra a ciência é a "censura, negação e/ou ceticismo em relação às evidências científicas e à comunidade científica em escala global, resultando em uma regressão ou paralisação do progresso na ação climática, saúde humana e/ou inovação tecnológica". Agora, podemos pensar no cenário em que vivemos.

Não muito tempo atrás, já foi dito que as vacinas alteram o DNA e até mesmo servem para implantar microchips nas pessoas, tudo isso abordado em uma matéria no final de novembro de 2020 no UOL e fruto da infodemia, sobre a qual falamos no capítulo 5.

Isso é tão grave que, de acordo com o site Al Jazeera, no Irã, mais de 700 mortes e quase seis mil hospitalizações ocorreram por causa da informação falsa de que a ingestão de álcool altamente concentrado matava o coronavírus.

Essa realidade não está muito distante do Brasil: embora não tenhamos dados consolidados de ações desse tipo, o estudo *Iceberg digital*, da Kaspersky, publicado no ano passado, aponta que seis em cada 10 brasileiros não conseguem reconhecer uma notícia falsa.

Como tenho falado há tempos, não estamos fazendo cidades, mas elas têm evoluído para se tornarem mais inteligentes. Não é de hoje que temos construído base para o futuro no que diz respeito a dados e como a sociedade se organiza.

Por isso, é importante entendermos o presente para melhor gerenciarmos o futuro. Momentos como os de agora, que nos trazem mudanças profundas e rápidas, nos mostram que a resiliência e a capacidade de se adaptar são fundamentais na sociedade moderna, não acha?

Este texto foi originalmente publicado na coluna Renato de Castro, de Tilt.

Acesso direto

Como uma ex-república soviética virou exemplo de sucesso de governo digital

CONSIDERADA HOJE A SOCIEDADE DIGITAL mais avançada do mundo pela revista americana *Wired*, a Estônia passou a inspirar formuladores de políticas globais, líderes políticos, executivos corporativos, investidores e mídia internacional. E não é para menos: 99% dos serviços públicos estão online, 99% da população tem o ID card (cartão que funciona como um certificado nas transações digitais), a internet passou a ser um direito humano presente na constituição do país e quatro empresas com valor de mercado de mais de US$ 1 bilhão, como o Skype, estão lá sediadas.

Enquanto alguns países como o Reino Unido — que recentemente deixou a União Europeia — têm dificultado a relação com imigrantes, a Estônia, um pequeno país do norte da Europa e membro da União Europeia desde 2004, passou a oferecer o e-Residency, identidade e status digital emitidos pelo governo para que empreendedores iniciem e gerenciem seus negócios como uma empresa europeia sem nem ao menos ter pisado no continente.

O cofundador do e-Governance Academy, Linnar Viik, garante que ter tudo digitalizado não é uma forma de controle, mas sim de transparência. "Nós não somos o Big Brother, afinal, os cidadãos têm total controle sobre o que é feito com os [dados](#).″ Embora o governo ainda mantenha serviços não digitais para aqueles que queiram, a eficiência e agilidade do programa atrai cada vez mais adeptos.

Ter todo o sistema digitalizado também significa estar vulnerável a ataques cibernéticos. Graças a massivos investimentos em segurança digital, a Estônia tornou-se um dos países mais reconhecidos como especialista no tema, sendo o primeiro do mundo a implantar a tecnologia [*blockchain*](#) em sistemas de produção.

Enquanto normalmente se leva sete meses em média para identificar uma violação de dados, a tecnologia KSI que o país utiliza faz com que isso ocorra instantaneamente. Além disso, por meio do KSI, o registro histórico de informações não pode ser modificado por ninguém e a autenticidade de dados eletrônicos pode ser matematicamente comprovada.

Após a independência da União Soviética há 29 anos, a Estônia — com 1,3 milhão de habitantes — se viu em uma situação em que não poderia manter financeiramente a administração pública e a burocracia existentes na Europa. Há duas décadas, a população do país não tinha acesso à internet e nem mesmo dispositivos que pudessem acessá-la. Contudo, o país viu na tecnologia uma oportunidade para trabalhar com mais eficiência e transparência, economizando tempo e dinheiro. Já não foi a primeira vez que falamos da Estônia no blog *Tilt*. Lembra do [transporte 100% gratuito de Talín?](#)

Ocupando a 30ª posição no Índice de Desenvolvimento Humano da Organização das Nações Unidas (ONU), está entre os países em que o índice de IDH é considerado muito alto. Seu PIB total é de US$ 25 bilhões e o per capita é de US$ 19.704,66.

Vários fatores afetaram o sucesso inicial da Estônia em suas iniciativas digitais. A base de conhecimento já estava funcional no começo e eles tinham pessoas altamente qualificadas na sociedade capazes de abrir essas iniciativas de desenvolvimento digital. Outra base sólida foi a excelente educação em ciência da computação, por isso o país é atualmente considerado o Vale do Silício da Europa. O caso é uma ilustração do extremo máximo que um programa de transformação digital pode alcançar em um país ou cidade. Três fatores de sucesso da Estônia podem ser utilizados para ajudar nossas cidades no Brasil no atual processo de digitalização.

Priorização clara por parte dos líderes políticos

O primeiro fator de sucesso foi a priorização clara tanto pela liderança política da Estônia, quanto pelos quadros da administração pública. Isso permitiu a melhor alocação dos recursos limitados. No início, a abordagem "de cima para baixo" foi administrada diretamente pelo escritório do primeiro-ministro.

Ouvindo especialistas em tecnologia

Em segundo lugar, eles conseguiram avançar rapidamente porque confiaram nos especialistas no assunto, como engenheiros. Geralmente, o trabalho do governo é conduzido por advogados, mas na Estônia o processo foi focado em *expertise* tecnológica e não somente jurídica. Por exemplo, quando se tratava de privacidade e segurança, eles ouviram primeiro o que os engenheiros e especialistas em tecnologia sugeriram e depois partiram para a experimentação dentro dos limites legais.

Mudando leis e práticas

Baseado no *case*, na transformação digital, devemos estar prontos para mudar qualquer que seja a prática ou lei. Esse é o fator principal para poder experimentar e mudar a maneira como fazemos as coisas. É importante considerar o gerenciamento de mudanças e a forma como colocamos todos os atores no processo.

Agora você deve estar pensando: Renato, mas isso é coisa de Europa, no Brasil é muito mais difícil chegar a este nível! Pode ser que você esteja enganado e estejamos muito mais próximos que pensamos.

O Departamento de Economia e Assuntos Sociais das Nações Unidas divulgou no mês passado (julho 2020) o relatório mais recente e completo sobre o desenvolvimento do governo eletrônico em todo o mundo. O E-Government Survey 2020 é o 11º relatório de uma série que começou em 2001. Ele avalia o desenvolvimento do governo digital dos 193 Estados-membros das Nações Unidas ao identificar seus pontos fortes, desafios e oportunidades, bem como informar políticas e estratégias.

1 Coreia do Sul	15 Suécia
2 Estônia	17 Espanha
3 Dinamarca	18 França
3 Finlândia	19 Noruega
5 Singapura	20 Chipre
6 Reino Unido	**20 Brasil**
7 Áustria	22 Polônia
7 Austrália	22 Turquia
7 Estados Unidos	24 Eslovênia
10 Nova Zelândia	24 Chile
11 Cazaquistão	24 Malásia
12 Japão	24 Índia
12 Holanda	24 Omã
12 China	24 Lituânia
15 Emirados Árabes Unidos	30 Argentina

O Brasil está entre os 20 países com melhor oferta de serviços públicos digitais mundo.

A Estônia aparece em segundo lugar, perdendo somente para a Coreia do Sul. Mas, pasmem, já estamos na lista dos Top 20 e crescendo rápido. Na análise da América do Sul, o Brasil aparece em primeiro lugar, à frente do Chile e da Argentina e, se consideramos todo o continente americano, só perdemos para os Estados Unidos. Estamos no caminho certo e temos acelerado nos últimos anos. Que continuemos assim!

Este texto foi originalmente publicado na coluna Renato de Castro, de Tilt.

Acesso direto

Conectada, sustentável e mais: quais as cidades mais inteligentes do país?

Desde 2014, todo ano temos a divulgação do [ranking](#) das cidades mais inteligentes do Brasil. Feito com o objetivo de mapear as cidades com maior potencial de desenvolvimento no Brasil, o *Ranking Connected Smart Cities* deste ano tem como grande estrela da lista a cidade de [São Paulo](#), seguida bem de pertinho por [Florianópolis](#), que subiu cinco posições. Em terceiro lugar, temos a bela capital paranaense, seguida por [Campinas](#) e Vitória.

Abaixo, a lista das top 20 cidades inteligentes brasileiras de 2020:

2020			2019		
POSIÇÃO	MUNICÍPIO - UF	NOTA	POSIÇÃO	MUNICÍPIO (UF)	NOTA
1º	São Paulo - SP	37,901	1º	Campinas - SP	38,977
2º	Florianópolis - SC	37,224	2º	São Paulo - SP	38,505
3º	Curitiba - PR	36,545	3º	Curitiba - PR	38,016
4º	Campinas - SP	36,303	4º	Brasília - DF	37,979
5º	Vitória - ES	36,251	5º	São Caetano do Sul - SP	37,816
6º	São Caetano do Sul - SP	36,107	6º	Santos - SP	37,458
7º	Santos - SP	35,423	7º	Florianópolis - SC	37,258
8º	Brasília - DF	35,361	8º	Vitória - ES	36,814
9º	Porto Alegre - RS	34,869	9º	Blumenau - SC	35,731
10º	Belo Horizonte - MG	34,608	10º	Jundiaí - SP	35,417
11º	Niterói - RJ	34,411	11º	Campo Grande - MS	35,219
12º	Rio de Janeiro - RJ	34,297	12º	Niterói - RJ	35,172
13º	Barueri - SP	34,214	13º	Belo Horizonte - MG	34,941
14º	Campo Grande - MS	34,002	14º	Rio de Janeiro - RJ	34,741
15º	Recife - PE	33,557	15º	Joinville - SC	34,699
16º	Balneário Camboriú - SC	33,449	16º	Itajaí - SC	34,604
17º	Jaguariúna - SP	33,421	17º	Balneário Camboriú - SC	34,591
18º	Itajaí - SC	33,078	18º	São Bernardo do Campo - SP	34,576
19º	Blumenau - SC	33,017	19º	Palmas - TO	34,437
20º	São José dos Campos - SP	32,979	20º	Porto Alegre - RS	34,209

O *ranking* traz indicadores desenvolvidos pela consultoria Urban Systems, os quais qualificam as cidades mais inteligentes e conectadas do país. A consultoria utiliza metodologia própria de ponderação de indicadores, denominada de Índice de Qualidade Mercadológica (IQM). Eu particularmente gosto muito dessa metodologia.

Como todo *ranking*, os cálculos são baseados em indicadores que, nesse caso, retratam inteligência, conexão e sustentabilidade. O *ranking* é composto por 70 indicadores, distribuídos em 11 principais setores: mobilidade, urbanismo, meio ambiente, energia, tecnologia e inovação, economia, educação, saúde, segurança, empreendedorismo e governança.

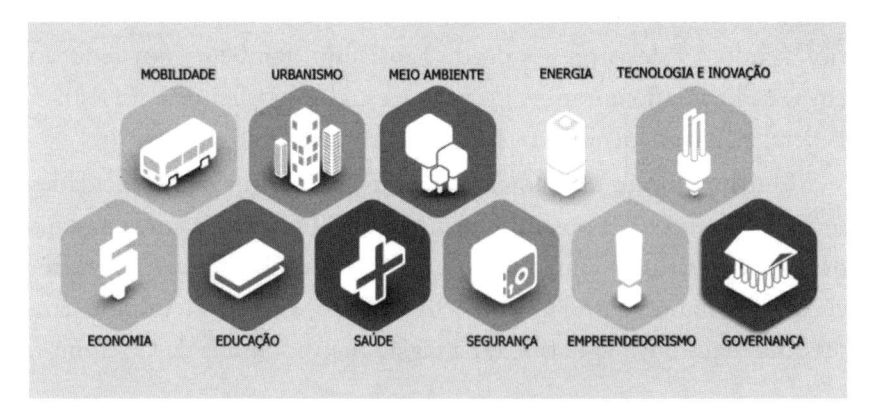

O mais bacana dessa metodologia é seu alinhamento com a novíssima (maio de 2019) ISO 37122, "Sustainable cities and communities — Indicators for smart cities", também conhecida como ISO das Cidades Inteligentes. Os indicadores da ISO 37122 vieram para universalizar o conceito de *smart city*.

A grande dificuldade que sempre tivemos para comparar países e cidades era a falta de padrões mundiais. A própria definição do que é uma cidade inteligente vinha sendo desenvolvida desde o final dos anos 1970, mas sempre com um viés muito regional e baseado no entendimento pessoal de cada autor.

Para haver um padrão entre as diferentes cidades e países atualmente, já podemos contar com a metodologia universal da ISO. Hoje já é possível desenvolvermos projetos em todo o mundo, seguindo parâmetros únicos e com um alto grau de replicabilidade.

Analisando a lista das top 20, é fácil verificar que a região Sudeste ainda domina o *ranking*, ocupando mais de 50% das posições. A região Sul aparece novamente em segundo lugar, tendo duas cidades entre as top 5. A região Centro-Oeste vem representada por Brasília e Campo Grande, ambas perdendo posições em relação ao ano passado. Por fim, a região Nordeste entra em 2020 na prestigiosa lista com Recife, que esse ano subiu oito posições e figura agora na 15ª posição. A região Norte infelizmente está fora da lista principal, tendo Palmas como a cidade mais bem classificada, na 32ª posição.

Segundo o estudo, 64 das 100 cidades mais inteligentes estão na região Sudeste, uma redução de três cidades em relação ao ano anterior, sendo 43 delas no estado de São Paulo, também com redução em relação ao ano anterior. Dezenove estados brasileiros e o Distrito Federal possuem cidades na lista das 100 mais inteligentes.

Outro ponto interessante do *ranking* 2020 é que das 100 cidades mais inteligentes, 18 possuem menos de 100 mil habitantes, um aumento de três cidades em relação a 2019. Eu venho batendo nesta tecla já há bastante tempo que não é necessário ser uma metrópole para ser uma *smart city*. Jaguariúna, na região metropolitana de Campinas, é a cidade mais inteligente na faixa populacional de 50 mil a 100 mil habitantes e está na 17ª posição.

No estudo, também é possível conferir as cidades melhor posicionadas nos recortes por cada um dos 11 setores. Um destaque especial esse ano para o meu Rio de Janeiro, que embora apareça somente na 12ª posição no *ranking* geral, em 2020 segue em primeiro lugar, pelo terceiro ano consecutivo, no eixo empreendedorismo.

Os destaques da cidade do Rio de Janeiro (RJ) são:

(A) Existência de 23 incubadoras de empresas e cinco parques tecnológicos.
(B) 108,1 depósitos de patente por 100 mil habitantes.
(C) Crescimento de 21,5% das MEIs.

A lista é sempre divulgada durante o evento Connected Smart Cities, que em função da pandemia aconteceu 100% de forma digital nos dias 8, 9 e 10 de setembro de 2020.

Ficou curioso de saber se sua cidade entrou na lista das top 100? Confira aqui o relatório completo com o ranking 2020.

Este texto foi originalmente publicado na coluna Renato de Castro, de Tilt.

Acesso direto

Sabe qual foi a cidade mais inteligente do mundo em 2019?

BARCELONA RECEBEU O MAIS IMPORTANTE e concorrido evento do mundo das cidades inteligentes em meados de novembro de 2019, o _Smart City World Expo 2019,_ que discutiu o futuro dos nossos municípios.

Todos os anos, a cerimônia que premia, em diversas categorias, os melhores projetos de cidades, empresas e universidades é um dos maiores atrativos e, pelo menos aqui, o Brasil se destacou. Na premiação de projetos relacionados ao ambiente urbano, São Paulo chegou à final com o "Plataforma Verde", da CTR-E, uma iniciativa público-privada para gerenciar o lixo da cidade. O município concorreu com a francesa Begles e a americana Madison, que levou o troféu.

A segunda categoria em que concorremos foi a de projetos relacionados às cidades mais inclusivas e compartilhadas. Aqui, comparecemos com Belo Horizonte, representada por Leandro Moreira Garcia, presidente da empresa municipal de processamento de dados Prodabel. Em 2018, fizemos uma visita a eles e vimos diversos projetos bacanas . A capital mineira disputou com outros dois projetos: o superprograma de integração social do Bairro 31 , do governo municipal de Buenos Aires, e o projeto de orçamento participativo de Kiev, a gelada capital da Ucrânia. Desta vez, nossos *hermanos* levaram a melhor.

A última categoria em que concorremos foi a mais esperada da noite: a de *Cidade Inteligente 2019*. Junto com nossa querida Curitiba, que, como tenho enfatizado há anos, tem *smart city* no seu DNA, Montevidéu também marcou presença entre as finalistas que incluía, ainda, Bristol, na Inglaterra, e Estocolmo, na Suécia. Completaram o páreo a fortíssima capital coreana de tecnologia e inovação, Seul, e a vibrante, controversa e temporariamente desconectada capital do Irã, Teerã, que chegou à final com o projeto *Smart Tehran*.

Não preciso nem dizer que a torcida por Curitiba estava grande. Éramos, sem dúvida, os mais animados da plateia. Contudo, toda a energia positiva não foi suficiente para garantir a estatueta e o "Oscar" da cidade inteligente foi para o extremo norte, quase nas terras do Papai Noel, Estocolmo.

Tirando minha frustração nacionalista que, sem dúvida, é muito mais sentimental que racional, eu fiquei feliz com o resultado. Primeiro, porque o fato de ter uma cidade brasileira entre as finalistas da categoria principal já é, por si só, uma grande vitória. Além disso, o prêmio para Estocolmo reitera fortemente minha teoria de que não somos nós que estamos fazendo cidades mais inteligentes, mas sim a sociedade que está evoluindo para um novo modelo de convivência social e os países nórdicos (Suécia, Dinamarca, Finlândia e Noruega) são os melhores exemplos de minha teoria. *Grattis* (parabéns em sueco) aos holmienses! Esse é literalmente o resultado do trabalho não de uma pessoa, empresa ou cidade, mas sim o avanço de uma sociedade.

Embora não seja oficial, acredito que os critérios para a escolha da cidade do ano vão além da simples análise de números e índices e inclui, também, seguir uma lógica geopolítica, levando em consideração o contexto regional onde a cidade está inserida e a evolução dos projetos relacionados à melhoria da qualidade de vida.

Assim, em 2016, a estatueta foi para Nova York. Já em 2017, o inusitado primeiro lugar de Dubai deu uma visibilidade global para a cidade. Em 2018, Singapura levou a melhor e, para mim, ela continua na lista das top três cidades mais inteligentes do mundo.

A cidade de La Paz, capital da Bolívia, também marcou presença em 2019 ao levar o prêmio de mobilidade com seu projeto de teleférico urbano. O modelo que utiliza o teleférico como transporte público em cidades com relevo irregular, principalmente em cidades com grandes diferenças sociais, não é novidade. Na América Latina, a cidade de Medellín, na Colômbia, foi a pioneira, seguida pelo nosso milionário, sucateado e abandonado projeto do teleférico do Morro do Alemão, no Rio de Janeiro. Pelo que fiquei sabendo, o sistema deverá ser implantado novamente no país, mas agora na cidade de Juazeiro do Norte. Esse modelo é uma forma eficiente de "unir o morro ao asfalto", como dizemos por aí.

Embora toda cidade que leva realmente a sério seus projetos de *smart city* não devesse estar preocupada em ganhar prêmios, mas sim em atingir seu objetivo principal de melhorar a qualidade de vida dos cidadãos, isso faz parte da natureza humana e um reconhecimento internacional como esse pode ajudar muito na atração de investimentos.

Como 2020 já está batendo em nossas portas, não podemos perder tempo! Seguindo uma lógica geopolítica, depois da América do Norte, do Oriente Médio, da Ásia e da Europa, temos grandes chances que o grande prêmio da *Smart City World Expo 2020* saia para uma cidade latino-americana.

Tendo participado da feira pela quarta vez, sou testemunha de como ela tem crescido e, neste ano, atraiu 1.010 expositores, 400 palestrantes, 700 cidades, 146 países e mais de 24.300 visitantes. Paralelamente à exposição, cinco palcos abrigaram diversas palestras. É um ambiente super-rico para *networking*.

No evento, organizado pela Fira Barcelona, é evidente o aumento no número de representantes de cidades e regiões. A China, por exemplo, estava representada em quatro grandes pavilhões. Itália, França, Holanda, Espanha, Bélgica, Estônia, Luxemburgo, Estados Unidos, Canadá e os países nórdicos também cravaram suas bandeiras em 2019, em Barcelona. Já as cidades de Tel Aviv, Singapura, Seul, Bristol, Moscou e a anfitriã Barcelona também estavam ali para mostrar porque são cidades inteligentes e bons lugares para investir. Nossa modesta e tímida América do Sul estava representada somente pelos estandes do Chile e de Montevidéu.

Em março de 2020, tivemos o *Smart City Expo Curitiba 2020*, a versão latino-americana oficial do evento, organizada pela Fira Barcelona em conjunto com o *iCITIES.* Foi uma excelente oportunidade para nossas cidades aquecerem os motores e afiarem o *pitch* para o mundial de Barcelona.

Este texto foi originalmente publicado na coluna Renato de Castro, de Tilt.

Acesso direto

ionship
Como a tecnologia virou política pública de resiliência de cidades do país

Em tempos pré-Covid-19, governos de todo o mundo competiam por uma série de prêmios em reconhecimento ao grau de inovação e emprego de tecnologias avançadas em seus projetos e políticas públicas. Era a batalha das *smart cities* (ou cidades inteligentes, como decidiu-se adotar no Brasil).

Com servidores públicos trabalhando remotamente, a resiliência e os cuidados com a segurança cibernética assumiram outro patamar — não mais como "luxo", mas artigos de primeira necessidade.

Assim, cidades que flertavam de modo tímido com o movimento da Quarta Revolução Industrial foram obrigadas, do dia para a noite, a celebrar matrimônio compulsório — sem festa. Cidades em todo o mundo agarraram-se agora na tecnologia como meio de sobrevivência e não somente como uma estratégia de "inteligência", mas principalmente como política pública de resiliência.

Essa transformação digital já estava acontecendo muito antes desta nova pandemia. A tecnologia já vinha empoderando os cidadãos e aumentando significativamente o protagonismo das nossas cidades, mas a verdadeira disrupção agora não é a tecnologia em si, mas sim a velocidade das mudanças.

Conversei sobre o tema "O novo normal das cidades" com o professor e advogado Vitor Antunes, que atualmente assessora o município de Salvador em seu plano de *smart city*; com Cláudio Maltez, diretor-presidente da Cogel (Companhia de Governança Eletrônica de Salvador), e com Claudio Ricardo Gomes de Lima, presidente da Fundação Citinova (Fundação de Ciências, Tecnologia e Inovação de Fortaleza) e ex-reitor do Instituto Federal do Ceará.

Esse "novo normal" após a pandemia certamente provocará uma reflexão quanto ao que é, de fato, *smart* — tecnicamente entendido como algo além das expectativas médias de um cidadão — e aquilo que os tempos de pandemia estão nos revelando como verdadeiras necessidades de um ecossistema urbano minimamente resiliente.

Confira abaixo o vídeo completo da entrevista:

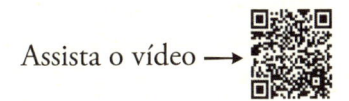

Assista o vídeo →

Este texto foi originalmente publicado na coluna Renato de Castro, de Tilt.

Acesso direto

Tecnologia, prosperidade e felicidade: a receita do sucesso de Dubai

Confesso para vocês que faz tempo que sou apaixonado por Dubai. Eu me encantei logo na minha primeira ida aos Emirados Árabes Unidos (EAU), em 2009. O mais impressionante não é a arquitetura moderna ou a infraestrutura robusta construída em poucas décadas, nem mesmo o calor sufocante de 42º Celsius à meia-noite. O que me surpreendeu desde o início foi a capacidade e velocidade de transformação daquela nação, principalmente do Emirado de Dubai.

"Ah, Renato, é muito fácil fazer isso quando se tem petróleo no quintal", você provavelmente deve estar pensando. E você tem razão: ajuda e muito. Mas é preciso ter vontade e esforço político também! Nossa *hermana* Venezuela que o diga: segundo o relatório *BP Statistical Review of World Energy 2018* ⧉, nossos sofridos vizinhos têm a maior reserva de petróleo conhecida do mundo (*proven oil reserves*), representando 18% de todas as reservas mundiais. O Brasil ocupa a 15ª posição no ranking e os EAU, a 8ª.

Apesar da posição entre os dez maiores do mundo, atualmente o petróleo representa menos de 5% da economia de Dubai. Turismo, comércio internacional e mercado imobiliário são os grandes impulsionadores do PIB por aqui. Já deu para entender que Dubai não é só petróleo, certo? Tive o prazer de visitar Dubai e Abu Dhabi em uma viagem de negócios e mais uma vez saí impressionado.

Há algum tempo, eu escrevi um texto ⧉ sobre os EAU e o ministério da felicidade, que foi criado para monitorar a evolução e, principalmente, os impactos dos projetos de cidades inteligentes na vida dos cidadãos. Já havia vários indicadores mostrando que eles estavam no caminho certo. O ciclo de crescimento e prosperidade que começou em 2014, da forte crise de 2008, parece estar chegando ao seu apogeu.

Só para dar uma ideia: segundo informações da incorporadora Emaar, uma das maiores da região, Dubai concentra quase 25% de todas as gruas em operação do mundo. A Emaar, que detém os recordes do edifício mais alto do mundo, Burj Khalifa, com 828 metros e localizado no complexo do Dubai Mall, maior shopping center do mundo com área equivalente a 50 campos de futebol, agora está construindo um bairro inteligente inteiro.

Em um total de seis quilômetros quadrados, o Dubai Creek será uma das áreas mais modernas e conectadas do planeta. Como se não bastasse eles estarem construindo lá um novo shopping com o dobro do tamanho do Dubai Mall, no coração do bairro será erguida a megamajestosa Dubai Creek Tower, com mais de 1.300 metros de altura. Isso mesmo, mais de um quilometro em direção ao céu!

Projetos como táxis drones, o *hyperloop* (trem supersônico), uma polícia composta por robôs e até mesmo uma cidade em Marte para 2117 já estão na pauta diária de todos por lá. Todos projetos para o futuro, sim, mas com um planejamento sério e uma verba quase ilimitada para execução. Nada parece ser impossível para eles.

Em uma das minhas reuniões na semana passada, ouvi uma frase do Sr. Omar Alkhan, diretor responsável pelos escritórios internacionais da Dubai Chamber, que ilustra bem o espírito de Dubai: "Nós, como povo do deserto com muitas limitações de recursos, aprendemos desde cedo a espremer ao máximo tudo que temos a nossa disposição".

Eu gravei um vídeo curto de minha visita guiada ao projeto Dubai Creek com o qual dá para ter a impressão de que o futuro já chegou por lá, e olha que esse é somente um dos diversos bairros que estão florescendo literalmente nas areias do deserto. Todos esses esforços estavam sendo redobrados em função da Exposição Mundial Expo 2020, que estava para acontecer na cidade de outubro de 2020 a março de 2021.

Tecnologia de ponta aplicada para mitigar problemas e, principalmente, melhorar a qualidade de vida é o tempero principal na receita de qualquer cidade inteligente. Acho que eles entenderam muito bem isso por lá, afinal, não foi à toa que em 2017 Dubai levou o título de "*Smart City* do Ano" no congresso mundial de Barcelona e já aparece entre as top 5 mundiais em diversos outros *rankings* de prestígio. Se você tiver uma mínima possibilidade de visitar essa magnífica cidade, não perca a oportunidade, vale muito a pena!

Este texto foi originalmente publicado na coluna Renato de Castro, de Tilt.

Acesso direto

Iluminação pública via PPP é o começo das cidades inteligentes no país

ACREDITO QUE VOCÊ JÁ DEVE TER OUVIDO FALAR nas famosas parcerias público-privadas (PPPs), mas sabe exatamente o que elas são e qual a sua importância para nossas cidades?

Conversei com Guilherme Martins, chefe de departamento na unidade responsável por estruturar PPPs e concessões de infraestrutura no Banco Nacional de Desenvolvimento Econômico e Social (BNDES), uma das principais instituições na promoção da infraestrutura brasileira.

Um dos pontos principais abordados foi a real possibilidade de os projetos de iluminação pública ser tornarem a porta de entrada dos conceitos de cidades inteligentes nos municípios brasileiros, reforçando o que já havíamos discutido no final do ano passado.

As PPPs são instrumentos jurídicos que permitem aos governos fazerem concessões públicas de algumas de suas atividades. No caso específico da iluminação pública, o grande atrativo para o setor privado é a segurança jurídica e econômica da operação.

O Guilherme nos explicou todos os detalhes. E mais: ele compartilhou conosco um *case* real, que está exatamente acontecendo neste momento, que é a PPP de iluminação pública de Curitiba.

Esse processo encontra-se em fase de consulta pública; aqui o link para você explorar a oportunidade. Toda PPP, por exigência legal, requer a realização de uma consulta pública, que tem por objetivo principal dar publicidade ao processo e fomentar a discussão popular.

Falamos também de outras oportunidades que apareceriam em 2021, como concessões de rodovias e parques naturais e os investimentos esperados no setor de saneamento público, motivado pela nova regulamentação federal recém-saída do forno.

Quer saber mais? Assista à entrevista na íntegra e você irá descobrir!

Além da explanação teórica, nosso convidado também respondeu às perguntas e dúvidas dos participantes. O papo foi muito bacana.

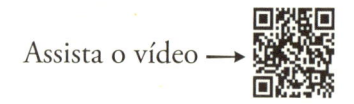

Assista o vídeo →

Este texto foi originalmente publicado na coluna Renato de Castro, de Tilt.

Acesso direto

Pandemia traz o novo desafio de aprender a dispersar as pessoas pela cidade

Passado o Natal, agora não tem mais volta! O ano de 2020 acabou! E viva! Preparamos outra entrevista especial para ajudar no aquecimento para 2021. Dando continuidade à série *Aprendendo com os Líderes,* vamos conversar com outro colega internacional da indústria das cidades inteligentes, o holandês Frans-Anton Vermast .

Desde 2008, Frans-Anton é consultor de estratégia sênior e embaixador do projeto Amsterdam Smart City . Ele é especialista no tema e um dos grandes defensores do conceito de cidade inteligente com o foco nas pessoas. Ele acredita (e eu também) nas cidades como lugares mais habitáveis para seus cidadãos viverem, trabalharem e se divertirem.

Além disso, ele se especializou no desenvolvimento de *smart cities* como plataformas inovadoras abertas e centradas no usuário (cidadão), bem como abordagens holísticas e colaborativas tipo *bottom-up* (de baixo para cima), baseadas em um envolvimento completo dos cidadãos.

Alguns conceitos que eu venho desenvolvendo e compartilhando desde 2016 na minha teoria chamada de City SmartUp, que compartilhei com vocês em um dos meus primeiros textos da **coluna** *Renato de Castro* em 2018, tem uma forte influência dos trabalhos do Frans-Anton em Amsterdã.

Vocês se lembram das parcerias público-privadas com pessoas, ou PPPPs, que eu sempre menciono em textos e palestras? Eu ouvi falar pela primeira vez deste conceito em um evento em Melbourne, na Austrália, onde tive a oportunidade de dividir o palco com ele.

Seguindo a mesma linha dessa entrevista, fiz três perguntas para nosso convidado:

1. Qual a sua definição pessoal de cidade inteligente?
2. O que ele espera a curto prazo para nossas cidades em consequência da Covid-19.
3. Como ele vê o mercado de trabalho para especialistas em cidades inteligentes no futuro.

Em um trecho de nossa conversa, Frans-Anton diz que uma das coisas que aprendemos com a pandemia é como dispersar melhor as pessoas pela cidade para que elas não estejam no mesmo lugar ao mesmo tempo.

Sem perder mais tempo, pois o ano de 2020 está acabando, deixo vocês com Frans-Anton Vermast. O vídeo está em inglês, mas você pode optar pela legenda em português nas configurações do seu YouTube.

Desejo a todos vocês um excelente fim de ano e uma entrada triunfal em 2021, o grande ano das oportunidades.

Assista o vídeo →

Este texto foi originalmente publicado na coluna Renato de Castro, de Tilt.

Acesso direto

Capítulo

5

Smart Economy

EU SOU UM MEMBRO ORGULHOSO da chamada geração X, que compreende os nascidos entre 1965 e 1981, durante a reconstrução da Europa após a Segunda Guerra Mundial. Somos a segunda geração do pós-guerra e tivemos o privilégio de nascer 100% alógicos e acompanhar a mudança tecnológica mais rápida de toda a história.

Meus filhos já são da última geração, modelos 3.0 da chamada geração Alpha, nascidos a partir de 2010. Carolina, a mais nova, já passava o dedinho na tela da televisão para tentar mudar o canal quando tinha apenas 18 meses. Já Giovani, meu primogênito hoje com 11 anos, já programa em arduíno, a linguagem da chamada IOT, ou Internet das Coisas, e se autointitula um arquiteto do metaverso.

Todos estes aspectos poderiam ter sido apresentados no capítulo sobre *smart people*, concordo, mas o que realmente faz a diferença aqui é a mudança de mentalidade e principalmente as suas consequências para nossa economia.

Para a *Smart City Wheel*, a chamada *smart economy* "descreve todas as ações que visam transformar e fortalecer a economia de um município. Melhorar o clima geral de negócios, a atratividade de uma cidade para *start-ups*, investidores, empresas e novos talentos (altamente qualificados), bem como o crescimento da economia de forma inovadora e sustentável para aumentar a competitividade são os objetivos mais importantes".

Pense então como era chato e lento nosso mundo antes dos conceitos das novas economias. A partir dos anos 2000, as economias criativa, compartilhada e circular passaram a influenciar diretamente todos os aspectos da vida das nossas cidades e principalmente a moldar uma nova mentalidade urbana.

O novo modelo *The Neural*© considera cinco pilares urbanos contemporâneos para a dimensão da economia, são eles:

I. **Inovação**
II. **Empreendedorismo**
III. **Economia sem dinheiro vivo**
IV. **Diversificação econômica**
V. **Renda e trabalho**

Neste capítulo, discutiremos e analisaremos cada um desses pilares por meio de *cases* e histórias reais de projetos relacionados ao conceito da economia Km 4.0 que eu desenvolvi durante a minha experiência à frente da força-tarefa de retomada econômica para o governo italiano durante a pandemia da Covid-19.

PS. O texto **Pandemia acelera mudança para uma economia superlocal e hipertecnológica** deve ser o primeiro do capítulo.

Último texto do capítulo: **Seu vizinho pode ser a solução para a crise na nova economia pós-Covid-19**

Que tal uma carreira no milionário setor de *iGaming*? Venha para Malta!

Hoje, vamos falar de um país muito pouco conhecido pelos brasileiros: Malta. Localizado em uma posição estratégica no extremo Sul da Europa, a 93 km da Sicília, Itália, e a 288 km da Tunísia, no norte da África, sua posição estratégica fez com que ele sempre fosse palco de grandes disputas internacionais. Habitada desde 5.200 a.C., passaram pela ilha os fenícios, romanos, árabes, mouros, normandos, espanhóis, Cavaleiros de São João, franceses e, por último, os britânicos, que governaram a ilha até sua independência, em 1964.

Ao longo dos últimos 10 anos, durante a grande crise europeia, o país tem atraído muitos imigrantes, não só europeus, mas também asiáticos e, principalmente, pessoas de países africanos de línguas árabes. Com somente 316 quilômetros quadrados, menos da metade de Florianópolis, que tem 675 km^2, Malta tem uma densidade populacional de 1.300 pessoas por quilômetro quadrado, de longe a maior da Europa.

Como em todo processo de crescimento populacional, o país precisa planejar a construção de novas unidades habitacionais, repensar a infraestrutura de transporte e redimensionar todo o setor de segurança pública. Para os próximos anos, espera-se que o crescimento da população persista em meio a uma economia em crescimento, principalmente nos setores relacionados à tecnologia, o que exigirá mais trabalhadores estrangeiros, porém especializados. O país está migrando de uma economia voltada ao turismo para um forte ecossistema de economia digital.

Tive a honra de participar (em outubro de 2019) de um grande evento organizado pela Associação Nacional de Conselheiros, o que seria similar aos vereadores no Brasil. Para começar a transformação da ilha em uma *smart island* (ilha inteligente), eles estão desenvolvendo políticas públicas baseadas em quatro pilares: mobilidade sustentável, ambientes verdes, espaços abertos e, claro, *smart cities*. A estratégia é bem parecida com algumas que já discutimos em outros textos, mas com a grande vantagem da implementação ser em um espaço geográfico reduzido, ter como idiomas o inglês e, principalmente, uma economia pulsante e já orientada ao digital.

Entre as estrelas deste *boom* da nova economia maltesa, os setores milionários de *iGaming* (apostas *online*) e de *blockchain* vêm ganhando destaque nos últimos anos. Atualmente, o setor de apostas online já representa 12% da economia maltesa, gerando 700 milhões de euros e empregando nove mil pessoas. Mais de 330 empresas de apostas, incluindo as gigantes Betsson, Tipico e Betfair, têm sua sede fiscal no país, o que colabora para que a nação seja conhecida como a capital europeia dos *iGaming*.

Há uma expectativa para que Malta se torne o Vale do Silício da indústria do *iGaming*, contudo, o país precisa promover incentivos corretos e criar a estrutura reguladora para continuar atraindo investimentos e empresas do setor. O governo nacional já está trabalhando fortemente para isso: além da regulamentação oficial que está sendo aprimorada e dos grandes incentivos à abertura de *startups*, o país também conta com o apoio de instituições de ensino superior de renome internacional. A Universidade de Malta, por exemplo, já oferece cursos de graduação e pós-graduação específicos para novas tecnologias como inteligência artificial. O melhor: tudo gratuito.

Malta, que sempre se orgulhou de ser um destino turístico da Europa, agora se prepara para ser um dos centros mais confiáveis e dinâmicos do setor de apostas online. Olha aí uma grande chance para vocês! Seja você um programador experiente, um *startuper* ou investidor ávido por novos desafios ou um entusiasta de tecnologia em busca de uma boa formação, você certamente encontrará oportunidades em Malta. Boa sorte!

Este texto foi originalmente publicado na coluna Renato de Castro, de Tilt.

Acesso direto

O futuro está no Vale do Silício? Talvez você esteja errado

NÃO SEI SE VOCÊ SABIA, mas eu morei na China por mais de seis anos. De 2006 até o final de 2013, tive o privilégio de acompanhar de perto o ressurgimento do dragão adormecido. A verdadeira disrupção econômica chinesa é a velocidade de crescimento: o país, que até a década de 1970 exportava menos de 2% de seu PIB, se transformou em um dos líderes mundiais de desenvolvimento de novas tecnologias.

Inovação é exatamente o foco do governo central de Pequim ao criar uma nova região econômica no sul do país, a Greather Bay Area (GBA). O projeto consiste em interligar as principais cidades às margens do Rio das Pérolas, como Guangzhou e Shenzhen, às duas regiões de regime administrativo especial: Hong Kong, ex-colônia inglesa, e Macau, que até 1999 foi administrada por Portugal.

Para vocês terem ideia do que isso significa do ponto de vista econômico, a GBA possui um PIB anual de 1,8 trilhões de dólares, mais ou menos a metade do PIB brasileiro. Sua área de um pouco mais de 1% do território chinês representa 12% do PIB nacional e abriga 70 milhões de pessoas, população maior que a do Reino Unido e duas vezes a do Canadá.

Não se convenceu? Então vai mais uma: o frete aéreo de produtos nessa região é maior que se somarmos os de Nova York, São Francisco e Tóquio! Se não bastasse isso, três dos dez mais importantes portos de contêineres no mundo estão localizados lá. Não é à toa que essa área está sendo chamada de o Vale do Silício da China e que eu tinha que ir conferir o que está acontecendo nesse país que me acolheu tão bem e que um dia chamei de lar.

Entre vários projetos que visitei em minha passagem por Hong Kong, Shenzhen e Guangzhou, o que mais me impressionou foi a cidade inteligente da gigante Cisco, que está sendo construída em uma área de 3,5 quilômetros quadrados ao lado do distrito universitário de Panyu.

Como todo projeto *greenfield*, a cidade da Cisco já nasceu ambiciosa: serão investidos mais de três bilhões de dólares na construção de toda a infraestrutura. Com as obras iniciadas em 2016 e previsão de conclusão até 2026, a primeira das três fases do projeto, que conta com investimentos em pesquisas de diversos conglomerados globais, já deve ser inaugurada ano que vem. Inteligência artificial, internet das coisas, veículos autônomos, drones para entrega de mercadoria e transporte de pessoas são algumas das tecnologias que estarão disponíveis para seus mais de 200 mil habitantes no futuro.

Em conversa com um dos gestores do projeto na Cisco, Andy Lin, ele ressaltou duas das principais vantagens competitivas da nova cidade: o compromisso do governo local em flexibilizar a legislação para o teste de tecnologias disruptivas, seguindo o modelo criado no Vale do Silício pelo governo da Califórnia, e a proximidade da cidade universitária que abriga 11 instituições de tecnologia, sendo que três delas estão entre as melhores do país e, juntas, têm mais de 16 mil alunos. Ao longo dos últimos anos, os centros acadêmicos já "exportaram" mais de 40 mil talentos para o mundo e um dos objetivos do projeto é exatamente reter esses profissionais na China.

A corrida pela liderança mundial no campo da tecnologia só está começando e, diferentemente do que muitos pensam, a China está sim no páreo e, aparentemente, muito mais à frente que tradicionais competidores, como Rússia, Japão e Alemanha. Só o futuro nos dirá quem vai vencer essa competição, mas só o fato de não haver uma superioridade unilateral já me parece bastante salutar. Que venha então o Vale Chinês.

Este texto foi originalmente publicado na coluna Renato de Castro, de Tilt.

Acesso direto

As vaquinhas virtuais evoluíram e já permitem a compra de imóveis

Com o crescimento do conceito de economia compartilhada, os chamados financiamentos coletivos, *crowdfunding* em inglês, se popularizaram mundo afora. A ideia é bem simples: plataformas online onde pessoas "normais" têm a possibilidade de financiar projetos, contribuindo com pequenos valores.

No Brasil, já existem diversas iniciativas do tipo, como a Benfeitoria.com.br ↗, um sistema de engajamento coletivo para projetos transformadores, e a Catarse.me ↗, a primeira plataforma nacional criada para financiar projetos criativos de forma compartilhada. Lá, você pode encontrar diversos tipos de negócios para investir. Mas e se o investimento fosse em um imóvel?

Pois foi exatamente com objetivo de proporcionar acesso ao mercado imobiliário que nasceu a Smartcrowd. Com sede na Hive, uma prestigiada aceleradora de *fintechs* em Dubai, a startup foi criada por dois jovens amigos. Considerado uma das opções de investimentos mais seguras disponíveis no Oriente Médio, o mercado imobiliário era restrito a poucos por causa das grandes exigências de capital. Mesmo com os salários altos que os dois amigos tinham no mercado financeiro, eles não viam a menor chance de comprarem, sozinhos, um imóvel, seja para viver ou para investir. Eureka!

Nasce, então, em 2017, a primeira iniciativa de investimento digital regulamentada da região, oferecendo a oportunidade de adquirir uma fração de uma propriedade. Pela plataforma, uma pessoa pode "comprar" um imóvel com investimentos a partir de AED 5.000,00 (*dirhams*), cerca de R$ 5.600. Por se tratar de uma atividade inédita no país, seus fundadores tiveram que solicitar uma licença especial de funcionamento do DFSA (Autoridade de Serviços Financeiros de Dubai), a licença de teste de inovação. Imaginem só a complexidade para gerenciar a compra e gestão de um imóvel para um grupo de pessoas.

De pouco em pouco, eles vão longe: depois de dois anos lutando para regulamentar a atividade, a empresa já conta com sete imóveis comprados por meio do sistema de financiamento coletivo, totalizando quatro milhões de *dirhams* (R$ 4,5 milhões). Hoje, eles têm mais de 90 clientes investidores diretos e 1.125 usuários registrados. O mais bacana é que 65% dos compradores já investiram em mais de um imóvel. Parece que gostaram!

Eu fiz uma entrevista bem bacana com os simpaticíssimos Ammar Nawaz, diretor de relacionamento com clientes, e Hassan Sheikh, diretor de desenvolvimento de negócios, durante minha última passagem por Dubai e gravei o *pitch* deles.

Será que funcionaria essa ideia no Brasil? Assistam ao vídeo e tirem suas conclusões. Quem sabe pode ser uma grande oportunidade? Com o grande sucesso em Dubai, a Smartcrowd acabou de se graduar como *startup*, recebeu uma licença internacional e está em busca de novos mercados.

Este texto foi originalmente publicado na coluna Renato de Castro, de Tilt.

Acesso direto

Com incertezas da pandemia, empresas aprendem a planejar a curto prazo

QUANDO FALAMOS DA REALIDADE das pequenas empresas no Brasil, na minha opinião, não tem autoridade maior que o Serviço Brasileiro de Apoio às Micro e Pequenas Empresas (Sebrae). O que muitas pessoas não sabiam até agora é que o Sebrae também está envolvido no processo de suporte, capacitação e assessoria aos pequenos municípios brasileiros.

Para conhecer mais sobre esse tema, superimportante agora em tempos de Covid-19, eu conversei com o João Roberto Marques Lobo, gerente da Regional Zona da

Mata e Vertentes, e com o Paulo Veríssimo, analista do Sebrae Minas Gerais.

Você sabia que eles estão com projetos especiais para ajudar os pequenos empresários a superarem este período difícil de crise? Segundo João Roberto, com as incertezas geradas pela pandemia de Covid-19, que pode incluir até uma segunda onda no Brasil, o "curto prazo virou o planejamento da empresa".

O Sebrae foi criado em 1972 exatamente com o propósito de capacitar e promover o desenvolvimento econômico e a competitividade de micro e pequenas empresas, mas eles não ficam por aí!

Bem, se você por algum motivo perdeu essa *live*, aqui vai o *link* para assistir à entrevista na íntegra e se atualizar quanto às oportunidades que estão disponíveis via Sebrae.

Além disso, também falamos sobre um evento muito bacana, o "e-Cidades: Cidades Inteligentes e Conectadas", que este ano ocorrerá em formato *online*, permitindo a participação do país todo. O evento foi transmitido pelo YouTube nos dias 23 e 24 de novembro de 2020.

Durante o evento, foram apresentadas soluções que conectam inovação e gestão pública na busca pelo futuro dos municípios, dentro de uma análise sobre a necessidade de adequação aos novos contextos nas quais as cidades precisam ser empreendedoras e inovadoras. O que temos discutido semanalmente em minha coluna.

Assista o vídeo →

Este texto foi originalmente publicado na coluna Renato de Castro, de Tilt.

Acesso direto

Fazer máscara é oportunidade de mercado ou ação social para o setor têxtil?

O USO DE MÁSCARAS E O TIPO DE MÁSCARA a ser utilizada é sem dúvida a discussão mais polêmica da semana em todo o mundo. A OMS (Organização Mundial da Saúde) e nosso Ministério da Saúde estão aconselhando o uso de máscaras, inclusive as caseiras. A pergunta então é: isso é uma oportunidade de mercado ou uma responsabilidade social para a indústria têxtil nacional?

Conversei com o diretor comercial do Grupo Veggi, Gustavo Veggi, sobre a iniciativa de sua empresa. Confira abaixo:

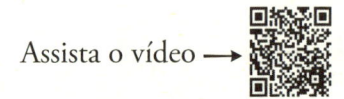

Assista o vídeo →

Este texto foi originalmente publicado na coluna Renato de Castro, de Tilt.

Acesso direto

Projeto britânico ajuda SP, BH e Recife a adotarem tecnologias inteligentes

O REINO UNIDO VAI INVESTIr cerca de 110 milhões de libras (cerca de R$ 795 milhões) até 2023 para expandir o potencial de comércio global, catalisar inovação ⬈ e investimentos, aumentando as oportunidades de negócios internacionais no Brasil. Para tanto, o país europeu vai usar o Prosperity Fund, ⬈ um fundo de cooperação do governo do Reino Unido que busca apoiar o crescimento econômico inclusivo necessário para reduzir a pobreza e contribuir para o cumprimento dos ODS ⬈ (Objetivos de Desenvolvimento Sustentável).

Uma das iniciativas desse fundo é o Programa de Cidades Inteligentes que está beneficiando São Paulo, Recife e Belo Horizonte com soluções inovadoras para diferentes desafios urbanos. No vídeo abaixo, eu converso com João Rampini, executivo responsável pelo Programa Cidades do Futuro do Prosperity Fund no Brasil.

O objetivo desse programa é fomentar o desenvolvimento urbano sustentável no Brasil por meio de tecnologias inteligentes em mobilidade urbana, dados ⧉ abertos e água e saneamento. Desta forma, o programa busca contribuir para melhorar a gestão urbana e a qualidade da infraestrutura básica para os grupos mais vulneráveis, impulsionando o crescimento econômico inclusivo e sustentável nos centros urbanos.

Os principais projetos no Brasil são:

Mobilidade Inteligente em São Paulo – Melhorar os processos de planejamento e gerenciamento da mobilidade urbana na Região Metropolitana de São Paulo por meio do uso de tecnologias inteligentes para melhorar os fluxos de tráfego, contribuindo para o aumento da qualidade de vida na metrópole.

Mobilidade Inteligente em Belo Horizonte – Aplicar tecnologias inteligentes para ajudar a entender os padrões de mobilidade dos usuários do transporte público em Belo Horizonte, por meio de um piloto que permitirá um mapeamento da demanda pelos serviços de ônibus na cidade.

Gestão Inteligente da Água em Recife – Melhorar a eficiência da gestão dos serviços de água e saneamento na Região Metropolitana do Recife, com o uso de tecnologias inovadoras para controlar as perdas de água na rede de abastecimento, melhorando o acesso desses serviços para toda a população.

Ecossistema de Dados Urbanos em Recife – Criar uma plataforma digital para apoiar o gerenciamento e a integração dos dados empregados pelo município do Recife, compartilhando essas informações em um portal aberto à sociedade, promovendo a transparência e a participação dos cidadãos nas decisões públicas.

Quer saber mais sobre as oportunidades deste projeto para empresas e profissionais do setor? Só clicar no vídeo abaixo.

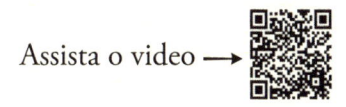

Assista o video →

Este texto foi originalmente publicado na coluna Renato de Castro, de Tilt.

Acesso direto

Cidades inteligentes "morreram" durante a pandemia, diz especialista

Feliz 2021 para todos. Assim esperávamos! Depois de um final de ano supertumultuado por aqui na Itália, iniciamos o ano com as energias recarregadas. Que 2021 seria de desafios, nós já sabíamos. Mas começar o ano com essa notícia bombástica ninguém esperava, certo?

Dando continuidade a nossa série de entrevistas intituladas "Aprendendo com os Líderes", conversamos com Jorge Saraiva, presidente da Rede Europeia de Laboratórios Políticos (European Network of City Policy Labs). A ideia era trazer a visão de diversos especialistas mundiais sobre os desafios e as oportunidades que nossas cidades iriam afrontar a partir de 2021.

Segundo Jorge, a pandemia deixou três grandes vítimas. Primeiro, a liderança mundial. Antes da pandemia, toda vez que existia uma crise mundial os países se juntavam em prol do objetivo comum de achar uma solução integrada.

Isso não aconteceu desta vez. E ainda pior, como resposta à crise, os Estados Unidos, que até então eram o líder natural, começaram a desassociar-se do processo, primeiro com a saída da Organização Mundial da Saúde e depois com atitudes unilaterais de aquisição e retenção de insumos.

A segunda grande vítima foi nosso modelo econômico. Como consequência direta da pandemia, a China acelerou ainda mais sua ascensão a maior economia mundial, provavelmente ultrapassando os EUA em 2028.

Mas não somente isso, o próprio modelo capitalista, que coloca o crescimento econômico a qualquer custo como centro do processo, está sendo questionado. Mesmo com índices positivos de crescimento econômico mundial nas últimas décadas, a qualidade de vida nas cidades está estagnada.

Vamos começar a repensar esses modelos, e a Europa, segundo Jorge, será uma das protagonistas nesse processo.

Por último, a morte do modelo tradicional das cidades inteligentes. "As *smart cities* morreram durante a pandemia", afirma Jorge. Ele cita o projeto de Toronto de revitalização da zona costeira, nas margens do Lago Ontário, feito em parceria com a Sidewalks, empresa da Alphabet (conglomerado da Google). Na entrevista, ele explica como e por que a Google desistiu do projeto, marcando assim o início da decadência desse modelo de criação de cidades inteligentes.

Mas fique tranquilo, a notícia não é de todo negativa. Na verdade, nosso entrevistado está bastante otimista com essa nova fase que estamos iniciando para as cidades inteligentes. Discutimos principalmente sobre as oportunidades que estão por vir neste rico universo das *smart cities* e os desafios para nós, *city makers*.

Seguimos o mesmo modelo das entrevistas anteriores, com três perguntas principais para nosso convidado:

- Qual a definição de cada um deles de cidade inteligente?
- O que eles esperam a curto prazo para nossas cidades em consequência da Covid-19?
- Como eles veem o mercado de trabalho para especialistas em cidades inteligentes no futuro?

Você não vai querer perder essas dicas valiosas, certo? Então, assista à entrevista na íntegra.

Assista o vídeo →

Este texto foi originalmente publicado na coluna Renato de Castro, de Tilt.

Acesso direto

Pandemia acelera mudança para uma economia superlocal e hipertecnológica

A QUARTA REVOLUÇÃO INDUSTRIAL ⟗ já batia nas nossas portas muito antes desta nova pandemia. Embora a tecnologia já houvesse começado a empoderar os cidadãos e a aumentar significativamente o protagonismo das nossas cidades, a verdadeira disrupção nunca foi a tecnologia em si, mas sim a velocidade das mudanças.

Estamos à beira de uma nova revolução. Se por um lado ela já vinha sendo fomentada pela digitalização do mundo e pela conectividade, que eliminou fronteiras e estimulou a troca de ideias, por outro estamos vendo o alvorecer de uma nova ordem mundial: a localização.

Para explicar de forma rápida e simples, seria literalmente o contrário da globalização, porém, se colocada dessa forma, acaba soando mais como um movimento do tipo ONG contra o capitalismo ou movimentos separatistas radicais quando, na verdade, está bem longe de ser isso.

Apesar de já ser uma tendência que vinha ganhando força ao longo da última década, principalmente aqui na Europa após a crise de 2008, foram poucas as vezes que vi o termo localização sendo defendido de forma didática em um contexto econômico mundial. De forma natural, as gerações Y (nascidos entre 1982-1994) e Z (1995-2010), sobretudo a última, também conhecida como pós-*millennials* ou *centennials*, já demonstravam uma preferência pela localização em seu estilo de vida e hábitos de consumo.

De acordo com o estudo *New Kids On The Block. Millennials & Centennials* do Bank of America Merrill Lynch, hoje existem 2 bilhões de *millennials* e 2,4 bilhões de *centennials*, representando 27% e 32% da população mundial, respectivamente. Ou seja, eles já são a maioria dos habitantes do planeta e seu poder de compra influencia diretamente a economia global.

Com as gerações mais jovens tomando ponta, os principais elementos para a equação de uma nova economia mundial já estavam bem definidos: inteligência artificial, internet das coisas e todas as hipertecnologias relacionadas à quarta revolução industrial. Em paralelo, ainda estávamos lidando com as graves deficiências do modelo "tradicional" de globalização como a superconcentração da produção, um consumo mundial desordenado e as crescentes ameaças ambientais.

A crise mundial da Covid-19 acabou sendo o catalisador que faltava para imprimir velocidade às mudanças. Bem-vindo ao novo mundo da economia KM 4.Zero, um novo paradigma que combina o superlocal (km zero) ao hipertecnológico (4.0) e que pode recuperar, ou ao menos mitigar, os efeitos econômicos da pandemia.

Como todas as pandemias, guerras e crises da história, essa também irá passar, porém, dificilmente retornaremos ao mesmo mundo que tínhamos antes. Pela primeira vez na história, países inteiros, como a Itália, foram forçados a ficar em quarentena. No nosso caso, mais de 60 milhões de pessoas ficaram isoladas em suas casas por mais de 60 dias. Teremos não somente as consequências econômicas, mas também sociais e psicológicas resultantes da pandemia.

Localizada na área do Vêneto e com um pouco mais de cinco mil habitantes, Rovolon está a 10 quilômetros de distância do epicentro da Covid-19 na região, o que fez com que ficássemos em quarentena desde o final de fevereiro de 2020 (a medida só foi estendida para toda a Itália no dia 9 de março). Com literalmente todas as atividades econômicas fechadas e a população trancada em casa, juntos, como sociedade organizada, resolvemos assumir o controle de pequenas mudanças que teriam grande impacto. E funcionou!* Foi o início de um programa de recuperação da economia local que já está sendo usado como referência nacional.

Quando surgirá o próximo vírus? Virá da natureza ou de laboratórios? Estaremos prontos? Questões quase que existenciais farão parte do novo normal e uma coisa é certa: se nos últimos 10 anos estivemos aperfeiçoando os conceitos relacionados às cidades inteligentes, chegou a hora de começarmos a desenvolver as estratégias para cidades mais resilientes.

Nós já estamos escrevendo o primeiro capítulo da nova história aqui na Itália. Que venha a nova economia KM 4.Zero, afinal, já a estávamos esperando e, ao menos por aqui, estamos prontos.

*Abaixo você encontra o QR Code para acessar o *paper* completo do *case* do "Programa de Recuperação Econômica Km 4.Zero".

Este texto foi originalmente publicado na coluna Renato de Castro, de Tilt.

Acesso direto

Crédito sem juros evitaria quebradeira e desemprego, propõe campanha

A Câmara de Dirigentes Lojistas de Belo Horizonte (CDL/BH) está liderando uma campanha nacional chamada de "Juro Zero". O objetivo é sensibilizar os bancos públicos e oficiais a promoverem linhas de crédito sem juros para socorrer o setor produtivo. Segundo o presidente da entidade, Marcelo de Souza e Silva, é "hora de juro zero para o comércio não quebrar, o emprego não acabar e a vida continuar". Segundo ele, "está na hora de as nossas instituições do sistema financeiro, que no Brasil lucram como em nenhum outro lugar do mundo, darem uma real contribuição ao país neste momento de crise".

O comércio está fechado e mergulha na mais dramática crise de sua história. Para o comerciante manter sua empresa viva e os milhares de empregos, vai precisar de recursos e empréstimos. Conversei sobre os enormes desafios para esse setor com o presidente da CDL/BH, que representa o setor responsável por mais de 72% do PIB de Belo Horizonte e emprega quase 1,5 milhão de pessoas na capital mineira. Confira abaixo:

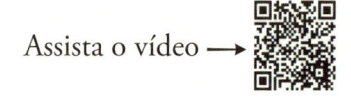

Assista o vídeo →

Este texto foi originalmente publicado na coluna Renato de Castro, de Tilt.

Acesso direto

Seu vizinho pode ser a solução para a crise na nova economia pós-Covid-19

Já mencionei que a crise mundial causada pela Covid-19 trouxe rápidas mudanças, aliando o superlocal ao hipertecnológico. Dei a esse novo paradigma da economia o nome de KM 4.Zero, e com base nele estamos fundamentando os projetos que começamos a implementar aqui na Itália. Reforço que essa nova perspectiva traz a possibilidade de trilharmos o caminho para a recuperação ou mitigação dos efeitos econômicos da pandemia.

Conversei com Leonardo Mascarenhas, CEO da empresa ByDoor, uma das maiores plataformas de gestão de condomínios e comunidade do Brasil, sobre a importância dos condomínios na dinâmica das cidades brasileiras e principalmente o papel revolucionário que eles podem vir a desempenhar na nova economia pós-Covid-19.

Nossas cidades estão repletas de grandes condomínios que muitas vezes possuem mais residentes que muitas cidades europeias. Se por um lado existe um grande desafio em gerenciar essas grandes estruturas em tempos de pandemia, por outro há uma real oportunidade de iniciar a recuperação econômica de nossos bairros e cidades exatamente explorando esse potencial.

Ficou curioso? Então assista à *live* na íntegra e entenda como a solução para a crise pode estar aí do seu lado! Literalmente na casa do seu vizinho.

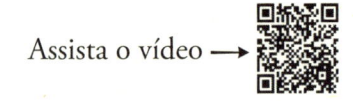

Assista o vídeo →

Este texto foi originalmente publicado na coluna Renato de Castro, de Tilt.

Acesso direto

Com a pandemia, cidades pensam em como atrair turistas na quantidade certa

Com a situação originada pela pandemia de Covid-19, não foram apenas os eventos que tiveram de se adaptar. A queda abrupta de turistas e visitantes provocou o caos em destinos e cidades que, durante décadas, desenvolveram suas estratégias baseadas no turismo como principal motor econômico.

Era, de resto, um dos grandes problemas e desafios antes da pandemia que, mal ou bem, trouxe à tona a verdadeira essência do que pode ser o turismo inteligente baseado em estratégia de valorização dos recursos naturais, culturais e patrimoniais.

"Antes da pandemia, tinha muito turismo e era insustentável. Agora temos pouco e também é insustentável", disse Vitor Pereira, idealizador e CEO do Smart Travel na nossa conversa [veja o vídeo no final da matéria].

Já havíamos conversado no passado sobre um novo conceito chamado Economia KM 4.Zero, lembra? Parece que o foco na valorização dos recursos locais, o que chamamos de localização, realmente está se fortalecendo pelo mundo.

Pereira cita o exemplo das pequenas cidades turísticas portuguesas. Como atrair turistas para esses locais de uma forma sustentável?

Então atravessamos o oceano e desembarcamos em Portugal para conversar sobre os desafios atuais do setor e a importância do desenvolvimento de novas estratégias inteligentes para mitigar os impactos da pandemia.

Pereira aproveitou para convidar cidades brasileiras a participarem ativamente do evento Smart Travel, que aconteceu em Bragança (100% digital) em dezembro de 2020.

Este é o único evento global que conecta cidades inteligentes e turismo inteligente.

Nesse ano, como de costume, contou com a presença de alguns dos mais influentes especialistas internacionais, entre os quais os pesos-pesados Carlos Moreno (mentor da "Cidade de 15 Minutos"), Jonathan Reichental (autor do livro *Smart Cities for Dummies*), Piero Pelizzaro (Smart City Milan), Martin Barry (Manifesto Market) e também Laila Al-Hadhrami, Federico De Arteaga Vidiella, Inga Hlin Palsdottir, Eliana Bejanaro, Sasha Qian e muitos outros.

Assista o vídeo →

Este texto foi originalmente publicado na coluna Renato de Castro, de Tilt.

Acesso direto

Enquanto a vacina não vem, hotéis viram refúgio de famílias no fim de semana

Os números de novos casos de Covid-19 não param de subir em toda a Europa (em outubro de 2020) e estamos entrando em alerta em basicamente todos os 27 países do bloco. Espanha, Inglaterra, França e Itália são os países com os números mais altos, mas Portugal, que havia driblado bem a primeira onda, também já entrou em alerta.

Sabemos que em todo o mundo um dos setores mais afetados é o do turismo, com uma carga ainda mais pesada para a hotelaria. Se você acha que seu setor foi muito prejudicado com a crise, imagine então uma empresa que possui mais de 700 mil quartos, divididos em milhares de hotéis pelo mundo.

A Accor é a maior empresa de hotelaria da Europa e a sexta maior do mundo, operando em 100 países, com mais de 4.800 hotéis e 280 mil funcionários e uma capacidade total de aproximadamente 704 mil quartos.

Para entender o grande desafio que é fazer planejamento estratégico de uma empresa desse porte em momentos de crise, eu conversei com Paulo Mancio, vice-presidente sênior de design, técnica e construção do grupo Accor para a América Latina. Se você perdeu a *live*, aqui vai o vídeo completo da entrevista.

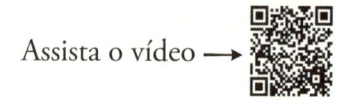

Assista o vídeo →

Este texto foi originalmente publicado na coluna Renato de Castro, de Tilt.

Acesso direto

Em tempos de isolamento, realidade aumentada ganha nova importância

A REALIDADE AUMENTADA pode ser definida como a interação entre ambientes virtuais e o mundo físico. Ela funciona por meio de um software, um marcador e um GPS. Com a pandemia da Covid-19, em que é importante evitar o contato interpessoal, muitas empresas de diferentes setores viram na tecnologia uma oportunidade para não prejudicar os negócios.

Diante disso, a RD3 Digital — uma das precursoras da técnica no país — viu, em plena crise, uma chance de expansão. Antes das medidas de quarentena para contenção do coronavírus, a expectativa de crescimento da empresa era de 15%. Com a pandemia, a projeção aumentou para 30%.

Conversei com o diretor comercial da agência RD3 Digital, Raphael Magri, sobre a iniciativa de sua empresa e as novas oportunidades que estão surgindo, principalmente na área de tecnologia, em virtude do distanciamento social. Confira abaixo o vídeo completo da entrevista:

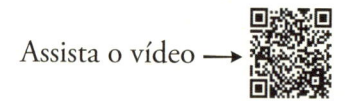

Assista o vídeo →

Este texto foi originalmente publicado na coluna Renato de Castro, de Tilt.

Acesso direto

Como a IA que faz legendas de vídeos ao vivo "entende" o que você fala?

Conversei com Luana Moro (na última semana de outubro de 2020), cofundadora e CEO da Skylar, uma startup 100% nacional de inteligência artificial criada e incubada em Piracicaba, interior de São Paulo. A Skylar foi uma das primeiras empresas no Brasil a desenvolver uma inteligência artificial para a legendagem automática simultânea de conteúdos audiovisuais no formato ao vivo ou gravado. A solução da empresa já é capaz de legendar conteúdos em tempo real para eventos ao vivo em português, inglês e espanhol.

Legendagem não é só uma tradução para texto para ser colocada no vídeo. Há uma série de regras bem sofisticadas para isso. Veja o caso da Netflix ou outros serviços de streaming, por exemplo. Percebeu que dá tempo para você ler o texto e no nomento que a fala é dita na tela? Todos esses detalhes importantes foram trabalhados para desenvolver a Skylar, como a Luana Moro contou na nossa conversa.

Quer saber mais detalhes e ainda ver como essa ferramenta funciona na prática? Assista ao vídeo — ou leia as legendas.

Nos tempos difíceis de distanciamento social que estamos vivendo, a humanidade se tornou mais digital do que nunca. Não quer dizer que não fôssemos antes. Uma vida quase cotidiana nas redes sociais e as reuniões por videoconferência já eram uma realidade, mas não a regra. E mais, a verdadeira disrupção veio na comprovação da eficiência do chamado *home office* e *homeschooling* — trabalho e estudos não presenciais, na maioria das vezes em nossas casas.

Os desafios em tempos de crises são sempre enormes. Mas as oportunidades também. Uma prova disso é o "fenômeno Zoom". Como eu já havia mencionado em outro texto, nos primeiros três meses de pandemia, a Zoom, líder mundial em comunicações de vídeo, saltou de 10 milhões de usuários diários para mais de 200 milhões em março de 2020, o que inclui 90 mil escolas em 20 países diferentes. Consequentemente, de acordo com o BusinessInsider, com uma capitalização de mercado de US$ 48,78 bilhões, a empresa hoje vale mais do que as sete maiores companhias aéreas do mundo juntas.

De forma geral, as empresas de tecnologia aparentam estar conseguindo contornar bem a crise. Muitas delas têm aproveitado para crescer e expandir com o aumento na demanda por digitalização, catalisada pela Covid-19. E a boa notícia é que temos empresas tupiniquins também surfando essa onda.

Você tem uma ideia legal, mas está com medo de empreender? Inspire-se com a história bacana dessa aspirante a unicórnio 100% made in Brasil.

Assista o vídeo →

Este texto foi originalmente publicado na coluna Renato de Castro, de Tilt.

Acesso direto

Capítulo 6

Smart Environment

ENFIM, CHEGAMOS À ERA da chamada sustentabilidade 3.0. Foi uma longa jornada até aqui e não estamos nem perto do final. Na verdade, se evoluímos muito em alguns aspectos, em outros ainda estamos andando em passos lentos.

Os nossos governantes também não estão ajudando muito neste sentido. Depois de um desastroso governo Trump, com a saída (recém-revertida) dos Estados Unidos do Acordo de Paris em 2017 e de todas as boiadas passando na atual gestão nacional, não temos muito o que comemorar. Pelo menos quanto ao *stakeholder* governo.

Mas como já havíamos comentado anteriormente, nosso modelo de governança *Smart City* é, felizmente, *multistakeholder* e os outros atores estão avançando bastante nesse setor. Principalmente a iniciativa privada, com a valorização das práticas conhecidas como ESG, sigla em inglês para "environmental, social and governance" (ambiental, social e governança, em português), temos visto muita evolução nesse setor.

No modelo europeu *Smart City Wheel*, "a redução da produção de resíduos, monitoramento e gestão da poluição, redução de emissões, gestão da água, obtenção de eficiência energética e aceleração da transição energética local são alguns objetivos importantes das iniciativas de 'ambiente inteligente'. Novos padrões de planejamento urbano para melhorar a eficiência e minimizar o impacto ambiental, bem como a criação de uma comunidade resiliente são também objetivos principais".

O novo modelo *The Neural*© considera cinco pilares urbanos contemporâneos para a dimensão do meio ambiente, são eles:

I. **Economia circular**
II. **Utilidades sustentáveis**
III. **Resiliência urbana**
IV. **Mudança climática**
V. **Estratégia ambiental**

Neste capítulo, discutiremos e analisaremos cada um desses pilares, principalmente no que diz respeito à resiliência urbana. Durante a crise da Covid-19, grandes centros urbanos, mundialmente reconhecidos como *smart cities*, não foram capazes de reagir às mudanças na velocidade necessária, resultando em impactos negativos profundos para suas comunidades. Faltou antes de tudo um bom planejamento de resiliência urbana, em todos os seus sentidos.

Aquela mesma tecnologia que discutimos no capítulo da dimensão *smart people*, que está dinamizando o mundo e aumentando a qualidade de vida nas nossas cidades, deve também ser utilizada para resolver nossos problemas ambientas, muitos ainda básicos. Da geração de energias mais limpas à mudança nos hábitos de consumo, nossas cidades precisam repensar profundamente sua relação com o meio ambiente e desenvolver estratégias à prova de futuro.

As mudanças climáticas ocorrerão com mais ou menos intensidade dependendo de nossas ações de hoje. Precisamos estar prontos e principalmente começar a agir imediatamente. Aqui começa nossa jornada rumo a esse futuro mais resiliente e sustentável.

Projeto aluga telhados para painéis solares e amplia oferta de energia

O INTERESSE RELACIONADO ao setor de energias renováveis tem crescido muito nos últimos anos. No Brasil, conseguimos avançar bastante na energia eólica e temos dado passos largos também na energia solar. O potencial nacional nessa área é de dar inveja a muitos países, mas ainda temos uma longa jornada pela frente. Quero discutir um projeto bem bacana que conheci em Singapura.

Pelo seu tamanho reduzido, Singapura tem que encontrar alternativas para questões simples do dia a dia, como produzir energia limpa em uma área que é majoritariamente dominada por edifícios. Como solução para esse problema, desde 2016 o país passou a alugar os telhados dos arranha-céus para gerar energia elétrica a partir de painéis solares.

Enquanto o valor da tarifa de eletricidade gerada por usinas de combustíveis fósseis varia conforme o custo do combustível (petróleo, gás ou carvão), o preço da eletricidade gerada a partir de painéis solares é baseado no custo inicial de compra do equipamento e custo de manutenção, o que faz com que a tarifa permaneça estável durante a vida útil do sistema.

A Sun Electric, uma *startup* sediada em Singapura, produz energia elétrica com foco em soluções solares urbanas. Ela foi a primeira revendedora de energia solar licenciada de Singapura. A proposta da empresa, seguindo o conceito conhecido como "uberização", é unir consumidores que queiram usufruir dos benefícios da energia solar, mas que têm restrições de espaço, com proprietários de telhados, o que permite que qualquer pessoa possa ter acesso à energia solar produzida localmente, independentemente de ter espaço para produção.

Em Singapura, a empresa surgiu como a primeira *startup* a propor essa nova modalidade de energia como serviço. Embora seja uma atividade privada, a companhia teve que solicitar autorização do governo para atuar na comercialização de energia. A empresa estima que suas tarifas são de 10 a 20% menores do que as do mercado.

Além de poder colaborar com o meio ambiente, os proprietários dos edifícios que abrigam os painéis solares ainda contam com vantagens como custo zero de instalação do equipamento, tarifas de energia diferenciadas e até mesmo a possibilidade de terem uma renda extra a partir do aluguel de seus telhados. Ao consolidar vários telhados e integrá-los à rede de distribuição, o programa conhecido por SolarSpace colocou os proprietários de edifícios como protagonistas na mudança por sistemas energéticos mais verdes.

Ao concentrar em uma plataforma toda a energia gerada por cada um dos edifícios, a Sun Electric oferece a diferentes públicos energia limpa, mesmo que eles não tenham um telhado para instalar painéis solares. Todo o custo de infraestrutura, instalação e manutenção fica por conta da *startup*.

O projeto tem quatro pontos principais: a produção de energia, a distribuição para clientes, o uso de outras fontes de energia em dias nublados ou à noite e informações em tempo real sobre o sistema.

A iniciativa garantiu alguns prêmios à startup como o Frost & Sullivan Excellence Awards, em 2017, que reconhece empresas de energia solar que demonstram espírito empreendedor na criação de serviços ou soluções inovadoras.

Em 2018, Singapura abriu o mercado de varejo de eletricidade, o que permitiu que consumidores comprem energia do fornecedor que atenda melhor às suas necessidades. Dessa forma, a competição tende a promover mais inovações e preços mais acessíveis.

Atualmente, três empresas são responsáveis por 63% do mercado e a maioria dos consumidores (85%) se diz satisfeita com os serviços prestados pelas operadoras de energia, segundo a agência reguladora Energy Market Authority. A longo prazo, Singapura poderá se conectar a uma rede regional com seus vizinhos, o que aumentará a segurança energética.

Até 2030, Singapura quer aumentar sua capacidade solar em mais de sete vezes, e o atual pico de 260 megawatts (MWp) da capacidade solar instalada para 2 gigawatts (GWp), o que seria suficiente para atender às necessidades anuais de energia de cerca de 350 mil famílias ou cerca de 4% da demanda total de eletricidade do país hoje.

No Brasil, a concessão de serviços públicos à iniciativa privada ainda é bastante embrionária. Novas ferramentas jurídicas como as PPPs (Parcerias Público Privadas) estão gradativamente sendo mais utilizadas.

Um novo conceito chamado de "cidade como plataforma" está crescendo rapidamente em nível mundial. Essa nova tendência consiste em compartilhar a responsabilidade e, principalmente, oportunidades dos serviços ofertados na cidade entre todas as partes envolvidas, os chamados *stakeholders* (governo, universidades, sociedade, iniciativa privada e terceiro setor).

Na Europa, o conceito de PPPs já evoluiu para PPPPs (4 Ps) — Parcerias Público Privadas com Pessoas —, que consistem em incluir os cidadãos no processo de criação, desenvolvimento, implementação e financiamento de concessões de serviços públicos. É importante entender que não se trata de pedir dinheiro aos cidadãos, uma vez que eles já pagam seus impostos, mas de proporcionar a oportunidade para os cidadãos participarem diretamente nos investimentos em projetos de desenvolvimento urbano.

As PPPPs, como já havíamos discutido em outro texto, são um claro sinal de que nossa sociedade está evoluindo para um modelo mais participativo de gestão pública. Todos os atores urbanos devem unir forças e compartilhar as responsabilidades para fazer uma cidade melhor. Cidade inteligente não é um destino, é uma jornada.

Estamos prontos no Brasil para avançarmos para essa nova realidade da cidade como uma plataforma? O que seu candidato a prefeito ou vereador acha dessa ideia? Compartilhe com eles este texto e vamos deixar que eles mesmos respondam e participem dessa discussão.

Este texto foi originalmente publicado na coluna Renato de Castro, de Tilt.

Acesso direto

Hidrômetro inteligente evita perda de água, mas pode depender de 5G no país

TEMOS VIVIDO E DISCUTIDO ao longo de quase um século o problema da distribuição da água potável no Brasil. Obras megamilionárias e transposições de rios, programas de aberturas de poços artesianos e até a dessalinização da água do mar entraram na discussão. Tudo isso faz sentido em um país que possui mais de 12% das reservas de água doce superficial do mundo e ainda sofre com o problema da seca.

Mas não podemos parar por aí. No universo das cidades inteligentes, as tecnologias de IoT (internet das coisas) aplicadas à gestão de águas têm evoluído muito rapidamente. Os medidores inteligentes já são uma realidade e estão cada vez mais acessíveis.

Medidores ou hidrômetros inteligentes são dispositivos conectados à internet que medem o consumo de água remotamente em intervalos de tempo pré-definidos. Enquanto os aparelhos tradicionais consideram apenas o consumo total, os inteligentes registram quando e quanto de água é consumida, o que permite que empresas e consumidores avaliem a melhor forma de economizar o recurso. E, principalmente, ajudam a detectar os vazamentos de água.

Com a segunda maior população do mundo, estima-se que a Índia se torne um país com escassez moderada de água até 2050. De acordo com um relatório do World Resources Institute, mais de 80% da água subterrânea disponível já foi retirada e cerca de 70% dela foi utilizada para agricultura. A ONU estima que a demanda por água no país atingirá o dobro da oferta disponível até 2030, o que colocará milhões de vidas em risco.

Na sexta maior cidade da Índia, Chennai, os quatro reservatórios que abastecem a região estão quase secos. Para conseguir água, os moradores têm que aguardar a chegada de caminhões-tanque do governo e enfrentar fila. Utensílios domésticos são lavados com a mesma água para que se economize água limpa para cozinhar alimentos.

Para tentar enfrentar essa crise, algumas cidades passaram a instalar hidrômetros inteligentes. Em Bangalore, o novo sistema permitiu que os moradores passassem a ter uma visão clara de seu consumo em tempo real. Medidas como a substituição de descargas e otimização de uso de máquinas de lavar roupa e louça, por exemplo, fizeram com que as oito mil residências que tinham os novos medidores instalados até setembro de 2018 reduzissem o consumo de água em 30%.

Na liderança na batalha contra o desperdício de água está Nova Délhi que, ao substituir 50 mil hidrômetros tradicionais por inteligentes, se tornou o primeiro e único município da Índia a ter esse tipo de dispositivo instalado em todas as edificações, o que deverá gerar uma economia de mais de US$ 1 milhão.

Utilizados principalmente para medir o consumo de água em edifícios residenciais e comerciais quando fornecido a partir de um sistema público de abastecimento de água, os medidores inteligentes fornecem informações em tempo real à empresa de água sobre vazamentos e irregularidades, o que permite que equipes de manutenção corrijam as falhas rapidamente, diminuindo o desperdício e minimizando danos causados por possíveis inundações.

Para um hidrômetro ser considerado inteligente, ele deve estar conectado à uma rede de dados. Contudo, países emergentes como o Brasil muitas vezes carecem de infraestrutura robusta que possa suportar esse tipo de dispositivo. Uma rede de longa distância e de longo alcance, ou LoRa, pode ser a solução para esse problema.

Projetada especificamente para aparelhos IoT como medidores inteligentes, a LoRa é uma tecnologia de radiofrequência similar ao wi-fi que permite comunicação a longas distâncias com baixo consumo de energia. Dependendo das condições de instalação, o alcance da rede varia de três quilômetros em áreas urbanas até 12 quilômetros ou mais em áreas rurais.

Outra alternativa é o uso do 5G, que tem baixa latência e tempo de resposta dez vezes menor do que a rede 4G (1 milissegundo comparado a 10 milissegundos hoje). Com previsão de chegada ao Brasil em 2022 (se tudo der certo), a tecnologia é vista como o primeiro passo para o avanço do mercado de IoT, que inclui os medidores inteligentes.

A internet das coisas irá revolucionar a forma com a qual gerenciamos a venda, a distribuição e o controle de serviços básicos como água e luz. Os investimentos no caso da gestão de águas se pagam principalmente em função de um maior controle sobre desperdício e roubo.

Mesmo em cidades com alta densidade demográfica com problemas de desigualdade social como Nova Délhi e Bangalore, o sistema de medidores inteligentes tem se mostrado vantajoso. Para os municípios brasileiros, a oportunidade está na possibilidade do uso de ferramentas como as Parcerias Público Privadas, as PPPs, para fomentar investimentos nesse setor. Esse modelo de financiamento por intermédio das PPPs, o qual já vem se mostrando muito interessante no setor da iluminação pública, deverá crescer bastante nos próximos anos no Brasil.

De acordo com o relatório *Desenvolvimento Mundial da Água da ONU*, em todo o mundo, cerca de 30% da água captada é perdida em vazamentos. Mas, no Brasil esse número é ainda pior.

Um estudo mostra que no Brasil o desperdício de água em função de vazamentos, de nosso famoso "gato" (ligações ilegais para furto de água) e de erros de leitura chega a quase 40%.

Isso significa na prática que de cada 100 litros de água captadas na natureza, através dos diversos projetos milionários que pagamos com o dinheiro dos nossos impostos, quase 40 litros simplesmente não chegam a ninguém. São praticamente jogados fora! Para você ter uma ideia melhor da dimensão desses números, isso equivale a 7.100 piscinas olímpicas de águas perdidas por dia, com um prejuízo superior a R$ 12 bilhões.

Fazendo uma continha rápida, segundo a Agência Brasil, os custos do projeto de transposição do rio São Francisco em 2019 somavam R$ 1,4 bilhão. Com base nessa estatística, R$ 560 milhões (40%) foram em vão simplesmente pela nossa incapacidade de gerenciar a distribuição da água captada...

Estamos oficialmente já em pré-campanha para as eleições municipais no Brasil. Pergunte ao seu candidato a prefeito e a vereador o que eles acham sobre o tema.

Chegou a hora de mudarmos aquele discurso populista e simplório quanto à gestão das águas urbanas que é bastante popular entre os políticos para uma discussão realmente séria sobre a gestão dos nossos recursos naturais, você não acha?

Este texto foi originalmente publicado na coluna Renato de Castro, de Tilt.

Acesso direto

Exemplo no país, cidade substitui saneamento da era de Dom Pedro em 20 anos

Também conhecida como Cidade Imperial, a história de Petrópolis começou quando Dom Pedro I se hospedou em uma fazenda na região serrana. Encantado com o lugar, ele comprou diversas propriedades e o povoamento se iniciou no reinado de seu filho, Dom Pedro II.

Há pouco mais de duas décadas, a cidade ainda tinha condições muito parecidas com a época imperial, afinal, havia somente uma estação de tratamento de água no bairro Itaipava, a qual se limitava à cloração da água. Sem tratamento de esgoto e com somente 2% da população com acesso à água clorada, o município estava no fim da lista quando o assunto era saneamento básico. Após outorgar a concessão de prestação de serviços de água e esgoto à iniciativa privada, melhorias foram implementadas e a cidade passou a ser a segunda do estado no *ranking* de saneamento.

Hoje, 85% das residências da área urbana de Petrópolis têm o esgoto tratado e 95% da população tem acesso à água tratada. No ano passado, foi lançado o projeto de Revitalização de Políticas Públicas das Áreas Rurais do município que visa à instalação de 423 fossas sépticas e filtros para o tratamento de esgoto nas áreas rurais.

A Águas do Imperador, empresa que vai administrar os serviços na cidade até 2042, também é responsável pelo projeto Saneamento Sustentável, que converte toda matéria orgânica presente no esgoto em gás metano que é posteriormente utilizado como combustível em fogões de cozinha e geradores para moradores, creches e outras instituições sem nenhum custo. Além do reaproveitamento da matéria orgânica, os biodigestores usados no processo também colaboram com o meio ambiente ao utilizar material reciclável, como pneus e garrafas PET, em seus filtros, e não consumir energia elétrica.

A cidade de Petrópolis conta com sete estações de tratamento de água que, somadas, tratam 61,8 milhões de litros por dia. As 26 unidades de tratamento de esgoto são responsáveis por cuidar de 56,2 milhões de litros por dia e a meta é universalizar o tratamento nos próximos anos.

Com o objetivo de garantir à sociedade o acesso à informação, a empresa que presta serviço de água e esgoto no município, Águas do Imperador, mantém uma base de dados atualizada com todas as informações relacionadas à regulamentação técnica em vigor no país.

A oitava estação de tratamento de água que está em construção no bairro Araras será complementada por uma adutora de quase um quilômetro que servirá para levar a água até a estação de tratamento. As duas obras juntas representam um investimento de R$ 12,3 milhões, e o sistema deve estar em operação no segundo semestre de ano 2021.

De acordo com a concessionária, a estação terá capacidade para fazer a captação de até 210 litros de água por segundo e contará com duas elevatórias, dois módulos de tratamento de água e um reservatório de dois milhões de litros. Já a adutora será feita com tubulação de

500 mm, que permitirá uma vazão maior de água, e o encanamento será em ferro fundido, o que dará uma durabilidade de até 50 anos.

Em 20 anos, Petrópolis passou de uma cidade sem tratamento de esgoto e quase sem acesso à água potável à referência nacional em soluções de saneamento básico. A iniciativa público-privada na área de saneamento também produz gás a partir de matéria orgânica. O projeto nasceu no formato de uma concessão de prestação de serviços de água e de esgoto para o município. Já foram investidos mais de R$ 164 milhões pela empresa Águas do Imperador (até dezembro de 2019).

Existe uma grande tendência mundial atualmente para uma maior atenção aos sistemas sanitários, não somente para o tratamento do esgoto, mas também como parte integrante da matriz de geração de energia renovável. No Brasil, sabemos que ainda temos problemas básicos no saneamento básico que necessitam ser equacionados, mas pode ser uma oportunidade incluir os conceitos da economia circular e tecnologias de *smart city* nesse processo.

Ainda não vemos esse movimento acontecendo de forma consistente no nosso país, logo, incluir esse tema nos planos de governo pode ser uma estratégia bem interessante para os candidatos das eleições de 2020, não acha? Seu candidato a prefeito tem falado sobre o tema?

Este texto foi originalmente publicado na coluna Renato de Castro, de Tilt.

Acesso direto

Conheça a maior e mais cara moldura do mundo. Desperdício ou investimento?

O EXERCÍCIO DA CIDADANIA e da participação popular nas decisões públicas está cada vez mais presente nos governos mundo afora. O modelo de gestão participativa brasileiro já é referência mundial, tendo sido replicado em Portugal e até nos Estados Unidos. Mas isso não acontece em todos os países!

Durante uma viagem pelos Emirados Árabes Unidos (EAU), em setembro de 2019, tive a oportunidade de visitar diversos projetos que, apesar de serem bastante interessantes, nos levam a pensar sobre a qualidade e legitimidade dos investimentos do setor público.

Antes de prosseguir, é importante esclarecer que os EAU são regidos por um emir: um *sheik* de uma família nobre que tem a atribuição de governar, ou seja, não é um governo democrático. Também é importante entender que ali na região o público e o privado se misturam muitas vezes. A grande maioria dos "bens" públicos na verdade pertencem à família do governante, e não ao país ou a uma cidade específica. Mas isso está longe de ser um ponto negativo, pelo menos na percepção deles.

Entre as diversas maravilhas arquitetônicas do mundo moderno e os recordes que Dubai coleciona, fui visitar o último monumento inaugurado: o *The Frame Dubai*.

Inaugurado em janeiro de 2018, sua estrutura em forma retangular imita uma moldura fotográfica e é considerada a maior moldura do mundo. São duas torres de 150 metros de altura conectadas nas duas extremidades e recobertas por um revestimento metálico que imita a cor do ouro. Impressionante mesmo!

O monumento foi criado para ilustrar a transição entre a Dubai antiga — uma tradicional vila de pescadores de pérolas e mercadores — e a Dubai do futuro. Como havia mencionado em um texto anterior, Dubai é a cidade com o maior número de gruas de construção civil em atividade do planeta e há meio século representa uma das áreas de maior crescimento no mundo.

A visita começa pela parte inferior da atração, onde encontramos um museu que conta a história da cidade, do ciclo das pérolas ao apogeu do petróleo. Na sequência, um elevador superveloz nos leva até a ponte superior que liga as duas torres. Ali, sob o olhar atento da tríade de *sheiks* (presentes em todos os prédios públicos ou privados da nação), diversas tecnologias interativas são apresentadas. Nada de superdisruptivo, mas bem interessante. Gostei muito do chão de painéis de vidro que fica transparente conforme caminhamos por ele e da parede de LED que dá para escrever com o dedo.

A visita termina na parte inferior da torre 2, onde eles apresentam a visão de Dubai para o futuro em um vídeo 180º superbem elaborado que chega até a dar um friozinho na barriga. No final, fica a pergunta: valeu a pena investir R$ 260 milhões para fazer uma "moldura"? Mesmo em um país onde não falta nada para a população, ou pelo menos para os nativos emiradenses, isso não seria um desperdício de recursos?

Segundo o governo de Dubai, o investimento se justifica: o empreendimento não só se pagará a longo prazo com a visitação turística, como também ajudará a reforçar o legado do desenvolvimento da cidade. Assistam ao vídeo que eu fiz do The Frame e entendam a dimensão desse projeto, só assim vocês poderão tirar usas próprias conclusões.

Agora, me vem logo em mente: em uma democracia plena como a do Brasil seria muito difícil aprovar projetos assim, certo? Será? Quantas obras faraônicas e com muito menos sustentabilidade econômica já não fizemos? Quantos estádios de futebol com projetos bilionários foram aprovados para a Copa de 2014 e viraram elefantes brancos?

O caso do Mané Garrincha, de Brasília, por exemplo, segundo dados oficiais, que foram questionados pelo Tribunal de Contas, custou nada menos que R$ 2 bilhões. Isso é quase **OITO vezes o custo do The Frame**. Pontes que não ligam nada e aeroportos regionais sem voos também fazem parte desta longa lista. Bem, você conhece a história dos super-mega-ultra investimentos públicos tupiniquins melhor que eu.

Estamos às vésperas de um mais ano eleitoral. Precisamos analisar com muita coerência as propostas de nossos candidatos para tentarmos sair deste transe coletivo que nos domina a cada quatro anos. Seguramente não necessitamos de um Frame por aí, mas o discurso por trás das propostas precisa ser consistente. Precisa fazer sentido a curto, médio e, principalmente, longo prazo.

Que iniciem então as campanhas, porque estou ansioso para acompanhar e discutir com todos vocês as fantásticas (ou fantasiosas) ideias de nossos candidatos.

Este texto foi originalmente publicado na coluna Renato de Castro, de Tilt.

Acesso direto

Pandemia cria desafio de reformar bairros para ter mais espaços vazios

Expressões como _lockdown_ ⧉, *home office*, *homeschooling*, *e-commerce* e *delivery*, que se tornaram muito populares desde fevereiro, estão ajudando a redesenhar nossa sociedade. Para tentar entender melhor o assunto, conversei com Teodomiro Diniz Camargos, empresário do ramo imobiliário e vice-presidente da Federação das Indústrias de Minas Gerais (FIEMG) sobre essas tendências.

Camargos defende que a pandemia de Covid-19 ⧉ ampliou a necessidade de constituir espaços públicos para a população poder sair de casa com segurança. "Bairros superadensados precisarão passar por uma reforma, criar espaços onde não tem. As cidades vão precisar de mais espaços vazios", diz.

Abordamos quatro pontos que, na minha opinião, irão nortear o futuro do setor da construção civil nos próximos anos:

1. Os investimentos públicos e privados, bem como os incentivos fiscais na área de infraestrutura.
2. Os impactos diretos do *home office*, principalmente na construção, comercialização e utilização de empreendimentos comerciais.
3. O *boom* do setor de *delivery* urbano e sua consequência no planejamento de nossas cidades.
4. A chamada inteligência de bairro, estratégia urbana de valorização dos espaços urbanos e engajamento comunitário no mundo inteiro.

Abordamos casos bem interessantes: o projeto das superilhas de Barcelona e o mais recente programa de Paris, batizado como a Cidade 15 Minutos.

E o que deve acontecer com a construção civil quando a pandemia passar? Na verdade, a resposta não é tão simples. Por se tratar de uma indústria muito diversificada, vários fatores internos e externos podem influenciar no que está por vir.

O risco do retorno da inflação, a recessão batendo em nossas portas, a incerteza do futuro americano influenciando diretamente o dólar, somente esses fatores bastariam para criar uma grande incerteza.

Mas o futuro dessa indústria tão importante para nossa economia será influenciado também por mudanças comportamentais da sociedade em virtude da pandemia.

Nem preciso dizer que o papo foi bem bacana, né? Se você perdeu, aqui vai o link ⧉ para assistir à entrevista na íntegra.

Falamos também de um superevento chamado MinasCon ⧉, um dos maiores eventos da cadeia da construção civil no Brasil, no qual são realizados congressos, palestras, seminários, workshops e oficinas, além da feira de amostra de produtos e serviços.

São 40 horas de programação, abrangendo mais de 15 segmentos da indústria da construção. E, claro, fomos todos convidados!

O evento aconteceu entre os dias 16 e 19 de novembro de 2020.

Assista o vídeo →

Este texto foi originalmente publicado na coluna Renato de Castro, de Tilt.

Acesso direto

Imagine monitorar a saúde das árvores pela internet? É o que Melbourne faz

A CIDADE DE MELBOURNE tem enfrentado desafios significativos decorrentes das mudanças climáticas, do crescimento populacional e do aquecimento urbano. Para combater tais desafios, a cidade plantou milhares de árvores, criando um ecossistema mais sustentável que colabora com a administração do intenso calor durante o verão. A iniciativa veio do governo local de Melbourne, apoiada pelo governo federal e pelo governo estadual de Victoria, e custou para os cofres públicos algo em torno de AUD 30 milhões (aproximadamente R$ 118 milhões).

Para entender o projeto, é importante conhecer bem o histórico deste problema na Austrália. De 1997 a 2009, Melbourne, juntamente com várias cidades australianas, sofreu a seca do milênio, o que demandou que a cidade tomasse medidas para diminuir os efeitos de temperaturas mais altas e eventos climáticos imprevisíveis.

Uma das respostas imediatas à seca foi controlar o uso da água e a cidade reduziu a demanda per capita em quase 50%. Em busca de uma estratégia de longo prazo para mitigar os efeitos do calor extremo e ao notar que muitas árvores do município estavam morrendo, inspirada por iniciativas americanas como o Urban Forest Project, de Nova York, a prefeitura de Melbourne decidiu criar uma estratégia para uma floresta urbana, afinal, além dos benefícios claros que ela traz, a exposição à natureza também reduz o estresse e a incidência de doenças mentais, bem como aumenta as oportunidades para fortalecer os laços da comunidade em espaços onde as pessoas podem se reunir, se conectar e recriar.

A estratégia, que tem previsão de implementação por 20 anos, quando a cidade deve se tornar mais quente, seca e sujeita à inundação mais intensa, visa orientar a transição da paisagem atual da cidade para uma que seja resiliente, saudável e diversa e que atenda às necessidades da comunidade.

Desde 2012, a administração municipal plantou mais de 12 mil árvores em estacionamentos e estradas que não são mais utilizados. Além das iniciativas governamentais, os moradores também são incentivados a plantarem árvores em suas residências e as ações conjuntas devem colaborar para que as temperaturas no verão sejam reduzidas em até 4ºC.

Atualmente, a cidade de Melbourne conta com mais de 70 mil árvores, todas mapeadas no Urban Forest Visual, um mapa virtual interativo da saúde de cada árvore gerenciado pela cidade que permite que os cidadãos vejam facilmente a expectativa de vida de cada uma delas. Muito bacana, não acha?

O sucesso da floresta urbana depende de vários fatores, entre eles, a seleção inteligente de espécies que colaborem com a melhora da retenção da umidade do solo, a redução dos fluxos de águas pluviais, a melhora da qualidade e a reutilização da água e o aumento da cobertura de sombra.

Para alcançar a visão de ter uma floresta urbana saudável, resiliente e diversificada que contribua para a saúde e o bem-estar da comunidade, o projeto foi dividido em seis estratégias:

- Aumento da área verde: de 22% para 40% até 2040.
- Aumento da diversidade: a composição será de não mais que 5% de qualquer tipo de árvore, 10% de qualquer espécie e 20% de qualquer família.
- Melhora da saúde da vegetação: 90% das árvores da cidade deverão estar saudáveis até 2040.
- Melhora da umidade do solo e da qualidade da água: a umidade do solo será mantida em níveis que proporcionem um crescimento saudável da vegetação.
- Melhora da ecologia urbana: proteger e melhorar a biodiversidade de modo a contribuir com um ecossistema saudável.
- Informar e consultar a comunidade: a comunidade terá uma compreensão mais ampla da importância da floresta urbana, aumentará sua conexão com ela e se envolverá no processo de evolução.

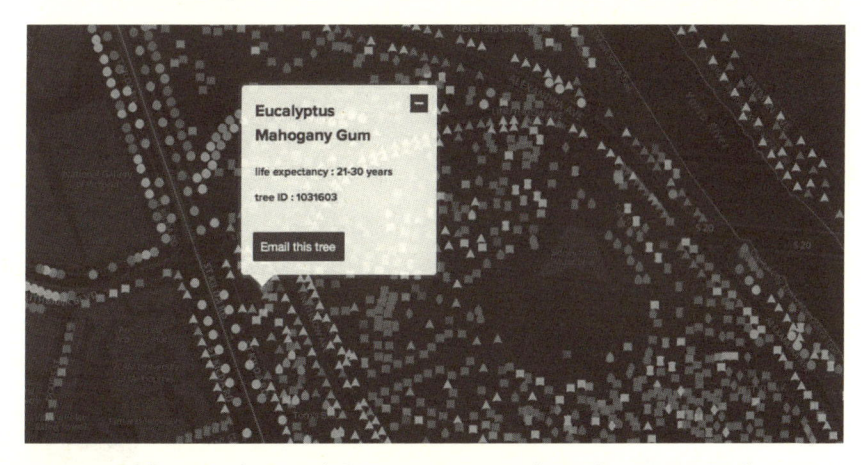

A prefeitura disponibiliza um site onde todas as 70 mil árvores podem ser visualizadas em detalhes (Reprodução)

No Urban Forest Visual, cada espécie é identificada com um ícone diferente e sua saúde é informada por meio de cinco cores que indicam os status "saudável", "em risco", "em declínio", "morrendo" ou "saúde não conhecida". Assim, é fácil identificar a diferença ou semelhança em um grupo de ícones no mapa e, em combinação com o esquema de cores, rapidamente determinar quais áreas da floresta urbana podem estar em risco e se esse risco pertence a um certo tipo de árvore.

Cidades como Frankfurt, na Alemanha, mostram uma tendência de investimentos seguirem iniciativas sustentáveis. Apesar de ser totalmente urbanizada e um dos maiores centros financeiros do mundo, Frankfurt é a oitava cidade mais arborizada do mundo e tem investido massivamente em outras iniciativas verdes, como a redução do consumo energético e emissão de carbono.

No Brasil, iniciativas municipais como a de Belo Horizonte têm feito o mapeamento da flora local, contudo, carece de integração entre os dados, governo e munícipes.

Sua cidade tem algum projeto bacana relacionado à gestão ambiental e valorização do verde?

Esse é um tema que necessariamente deve estar presente nos debates políticos deste ano. Então, se seu candidato a prefeito não está alinhado com a sustentabilidade ambiental, é melhor você dar a dica!

Vamos ampliar essa discussão.

Este texto foi originalmente publicado na coluna Renato de Castro, de Tilt.

Acesso direto

Capítulo 7

Smart Mobility

DEFINITIVAMENTE, EU ME CONSIDERO um ser urbano. Ou melhor, metropolitano. Ao longo da minha vida, já morei em diversas megacidades. Rio de Janeiro, São Paulo, Beijing, Barcelona e Dubai estão na lista das cidades onde eu tive o privilégio de comprar pão de manhã e pegar meus filhos na escola no final da tarde. Todas essas experiências foram engrandecedoras como pessoa e profissional, e não tenho muito o que reclamar. Porém, se tivesse que apontar um ponto negativo comum a todas elas, eu não teria dúvida em dizer o TRÂNSITO!

A mobilidade urbana foi provavelmente o primeiro grande desafio da humanidade no processo de transição entre seres nômades e comunidade sedentárias. Dos animais do passado às naves espaciais, o homem vem enfrentando o desafio da mobilidade desde os primórdios.

Durante as últimas décadas, colocamos todos os nossos esforços de planejamento arquitetônico e modelagem das nossas cidades em cima do modelo do transporte individual. O automóvel de Ford não somente acabou com a era do transporte animal como também ajudou a moldar o *layout* das nossas cidades contemporâneas.

Ao longo dos últimos anos, a facilidade, a praticidade e principalmente a chegada dos carros populares, acessíveis a muitos, fizeram com que nossas cidades crescessem, ou melhor, se "esparramassem" de forma horizontal. Em Istambul, na Turquia, é possível dirigir por quase 300 km sem sair do município. Esta pseudofacilidade também fez nascer o modelo de cidade em *cluster*, onde temos zonas específicas na cidade baseadas em funcionalidades, como em Brasília ou Dubai.

Não demorou muito para a população crescer ao ponto em que não há mais espaço para novos carros transitarem em nossas ruas, tampouco locais para estacionarmos nossos veículos. Um verdadeiro caos, e pior, sem uma solução. Ou pelo menos uma solução linear.

Com base na teoria *Smart City Wheel*, do grupo de pesquisa *European Smart Cities* da Universidade de Tecnologia de Viena, alcançar uma mobilidade mais barata, rápida e ecológica, bem como um transporte multimodal integrado, é um desafio importante para cidades e comunidades. Apoiar a combinação de vários modos de transporte público e privado e adotar novas formas de transporte (por exemplo, veículos elétricos, veículos movidos a hidrogênio, veículos autônomos, compartilhamento de bicicletas, caronas/compartilhamento de carros) é um aspecto importante para uma estratégia voltada para o futuro, abordagem para promover a "Mobilidade Inteligente".

O novo modelo *The Neural*© considera cinco pilares urbanos contemporâneos para a dimensão das pessoas, são eles:

I. **Transporte público**
II. **Mobilidade como um serviço**
III. **Trânsito e estacionamento**
IV. **Cidade 15 min**
V. **Mobilidade limpa**

Um dos modelos mais em alta no momento se chama cidade 15 minutos. Ele consiste em concentrar as principais atividades da vida do cidadão, como trabalhar, se divertir, comer, estudar, em um raio de até 15 minutos de sua casa, considerando um deslocamento a pé ou em bicicleta. Iniciamos o capítulo pelo *case* da cidade 15 minutos de Paris, uma das principais promessas durante a campanha de reeleição de Anne Hidalgo, prefeita de Paris, e terminaremos com um dos projetos urbanos mais eletrizantes e o mais caro do mundo: o The

Line, uma das megaconstruções da cidade de Neon, atualmente em construção na Arábia Saudita.

Primeiro texto do capítulo: **Prefeita promete menos espaço para carros para se reeleger. Votaria nela?**

Último texto: **Megacidade inteligente saudita vai eliminar ruas e carros da superfície**

Fãs de aviação pagam "vaquinha" para *startup* de voo fretado decolar

VOCÊ SABIA QUE JÁ EXISTEM empresas que oferecem voos executivos em aviões e helicópteros por aplicativo? Isso mesmo, é como pedir um carro no Uber ou 99, mas neste caso a corrida é um pouquinho mais longa.

Eu conversei com Paul Malicki, executivo-chefe da Flapper, sobre a empresa e a grande ideia por trás desse serviço disruptivo. Mesmo com todos os desafios de um ano atípico, o projeto está indo muito bem. Eles cresceram mais de 251% em 2019 e agora com a pandemia, que gerou um declínio na oferta de voos pelas companhias aéreas comerciais, as solicitações de voos fretados aumentaram, e o serviço de voos de carga e aeromédica também cresceram. Tudo isso no melhor estilo "made in Brazil".

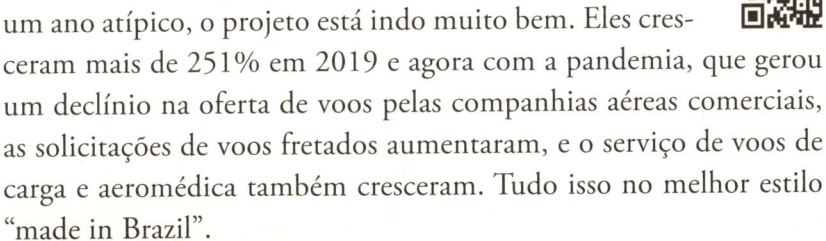

E não para por aqui. Para completar sua última cota de investimentos no nível de Series A, eles lançaram uma campanha de *crowdfunding* e conseguiram arrecadar R$ 2,5 milhões em somente uma semana. A campanha foi feita em parceria com a SMU Crowdfunding, a primeira plataforma de financiamento coletivo do Brasil para investimentos.

"Trabalhamos com muitos clientes de poder aquisitivo e muitos amantes de aviação. Eles sempre perguntavam quando a gente iria abrir o capital", diz Malicki. Foi isso que fez a Flapper decidir por *crowdfunding*. "Muitos deles investiram e muitas empresas de aviação executiva também investiram", acrescenta.

Para ele, *crowdfunding* é uma forma de praticar o relacionamento com os investidores e também de ter exposição de marketing.

Agora capitalizados, o objetivo será expandir o modelo de negócios principal da empresa, que hoje conta com escritórios em Belo Horizonte e no Rio de Janeiro, e alçar voos ainda mais altos, rumo ao exterior. A empresa pretende abrir quatro novos mercados na América Latina e lançar rotas compartilhadas adicionais para aeroportos não disponíveis na aviação comercial no Brasil. Nada mal para uma *startup* tupiniquim, não acha?

Se você perdeu essa *live*, não tem problema. Só clicar aqui embaixo no vídeo, apertar os cintos e curtir nosso bate-papo.

Assista o vídeo →

Este texto foi originalmente publicado na coluna Renato de Castro, de Tilt.

Acesso direto

Prefeita promete menos espaço para carros para se reeleger. Votaria nela?

UMA COISA QUE SEMPRE FEZ parte da minha geração é o carro. Além de facilitar o deslocamento, ele também foi sinônimo de status — e ainda é hoje quando se trata de algumas marcas. Lembra que em 2019 eu já havia dado a dica? Com o passar do tempo, ficou mais fácil comprarmos um veículo motorizado, o que fez com que na capital paulista, por exemplo, existam cerca de 7,4 veículos para cada 10 habitantes. Enquanto isso, em Londres, na Inglaterra, essa relação cai: há três veículos para cada dez habitantes. É isso mesmo, muito menos de um carro por pessoa. Inacreditável, não é? Sim, Londres tem o metrô mais antigo do mundo, aberto em 1863, e o transporte público, apesar de parecer deficitário para os locais, é um sonho para nós. Mas eu acho que o que acontece em

Londres, e passa a acontecer em outras cidades no mundo, vai além dessas questões.

Há uma mudança de mentalidade da população em todo o mundo de modo que questões ambientais passam a ter mais ênfase e, também, há um entendimento de que a vida deve ser melhor aproveitada do que gastando três horas por dia no trajeto casa-trabalho-casa.

A prefeita de Paris, Anne Hidalgo, por exemplo, tem levantado em sua campanha de reeleição que, caso seja reeleita, ela iniciará um plano em que moradores poderão encontrar tudo em um raio de 15 minutos de casa. A ideia é bem simples: em vez de ter um centro da cidade com tudo, cada área terá pequenos centros comerciais onde será possível encontrar itens essenciais para o dia a dia. Bem no modelo das superilhas ⌷ de Barcelona sobre as quais já falamos no passado. Além disso, ela planeja reduzir o número de áreas para estacionar (vagas) de 83.500 para 23.500. Com uma redução de 72% no espaço destinado a veículos automotores, Paris deverá passar a investir na micromobilidade urbana, que inclui o uso de bicicletas e patinetes compartilhados que já temos hoje.

Apesar de ser uma alternativa que ajuda a economizar dinheiro e tempo e colabora com o meio ambiente, a micromobilidade tem enfrentado diversos desafios no Brasil, seja por questões ligadas à segurança do usuário, seja por locais adequados para a nova modalidade de veículos. Se pararmos para analisar o caso da capital da França, a prefeita trouxe para sua campanha para o próximo mandato um tema que afeta a todos na cidade e um projeto claro de como será implantado.

A ideia dela é baseada em uma sugestão do professor da Universidade Pantheon-Sorbonne de Paris, Carlos Moreno, que considera que precisamos ter uma mudança radical de estilo de vida. Ele afirma que nossas cidades ainda são impulsionadas pelo petróleo e seu impacto nas estradas e no planejamento urbano geral, mas que "prezar pela qualidade de vida exige que construamos novas relações entre dois componentes essenciais da vida urbana: tempo e espaço". Na minha opinião, é uma mudança irreversível. Só uma questão de tempo. Então, se você está pensando em trocar de carro, vai a dica: venda-o enquanto é tempo e compre uma bela *bike*!

Com isso em mente, lembre-se de que o primeiro turno das eleições municipais no Brasil acontecerá no dia 4 de outubro de 2020. É nossa oportunidade de novamente definirmos o rumo que queremos que as nossas cidades sigam. Em Paris, a Anne propõe uma transformação ecológica que visa ter menos poluição, melhorar a vida diária dos parisienses e fazer com que todas as ruas do município tenham ciclovias até 2024. Qual é a proposta dos candidatos na sua cidade? Vamos começar a instigá-los para termos cidades mais inteligentes.

Este texto foi originalmente publicado na coluna Renato de Castro, de Tilt.

Acesso direto

De volta para o passado: cadê "meu" patinete que estava aqui?

As bicicletas compartilhadas e os patinetes elétricos estão invadindo nossas cidades. Parece que chegou a hora de levar essa discussão ao nível de regulamentação. Posso usar meu patinete elétrico nas calçadas? Tenho que usar capacete? De quem é a preferência nas ruas?

Neste início de agosto (de 2019), tive o grande prazer de assistir (de novo) a um dos grandes clássicos do final dos anos 1980: *De volta para o futuro 2*. Se no primeiro filme da trilogia eu já tinha ficado encantado com o DeLorean, um supercarro que acabou virando referência de futuro na época, foi no segundo que eu comecei a sonhar com a mobilidade individual do futuro: um skate voador.

Se me lembro bem, naquela época o cinto de segurança nos carros tinha uma função mais decorativa do que realmente de segurança. Imaginem, então, pensar em usar capacete para "pilotar" aquele skate bacana? Impossível pensar nisso, né?

Trinta anos depois, ainda não temos o skate voador — pelo menos para comprar nas lojas — mas o conceito da micromobilidade, ou mobilidade individual, já é uma realidade. As bicicletas compartilhadas e os patinetes elétricos estão invadindo nossas cidades, proporcionando uma nova experiência na mobilidade urbana e facilitando a vida dos cidadãos nos deslocamentos de curta distância.

Além do *boom* de novas *startup*s que oferecem soluções disruptivas, cidades ao redor do mundo, como Barcelona, investem anualmente cifras significativas do orçamento público em programas de micromobilidade, incluindo bicicletas compartilhadas. Várias cidades pelo Brasil também estão caminhando rapidamente nesse sentido e parece que chegou a hora de levar essa discussão ao nível de regulamentação.

Posso usar meu patinete elétrico nas calçadas? Tenho que usar capacete? De quem é a preferência nas ruas? Esses são alguns dos questionamentos que vamos discutir no vídeo deste tópico. Para finalizar nossa maratona de temas da última edição do Smart City Day, eu resolvi trazer esse tema superpolêmico.

O painel que fechou o evento, "Micromobilidade, *bikes* e patinetes: regulação, desafios e perspectivas da disrupção na mobilidade urbana", teve como convidada especial a Juliana Minorello, gerente de relações governamentais da *startup* Tembici e coordenadora do Comitê de Mobilidade Online da Associação Brasileira Online to Offline (ABO2O). O ponto forte do painel foi a discussão sobre a regulamentação do setor.

A micromobilidade já faz parte da sua vida? Você trocaria seu DeLorean por um patinete elétrico? Eu sim.

Este texto foi originalmente publicado na coluna Renato de Castro, de Tilt.

Acesso direto

■ Redes Neurais

Megacidade inteligente saudita vai eliminar ruas e carros da superfície

Lembra-se do nosso texto de janeiro de 2020, quando o presidente da Toyota Motor Corporation, Akio Toyoda, anunciou a Woven City (cidade entrelaçada), que deveria entrar em operação no início de 2021? Bem, este ano tivemos um grande anúncio de outro projeto urbano revolucionário. No domingo (10 de janeiro de 2021), o príncipe herdeiro da Arábia Saudita, Mohammed bin Salman, fez o lançamento mundial do projeto chamado The Line (A Linha).

O projeto faz parte de uma megacidade inteligente que eles já estão construindo chamada NEOM. É cidade planejada do zero, modalidade também conhecida como *greenfield*, na província de Tabuk, no noroeste do país.

Este é provavelmente o maior projeto urbano sendo desenvolvido no mundo atualmente. As construções do projeto, estimado em meio trilhão de dólares, tiveram início em janeiro de 2019 e seguem bastante a linha de outros projetos da região do Oriente Médio, sobre os quais já comentamos na coluna *Tilt*, como Dubai, nos Emirados Árabes Unidos, e Lusail, a cidade inteligente do Catar, construída para a Copa do Mundo de futebol do próximo ano.

Imagine então uma infraestrutura urbana linear, com 170 km de extensão em linha reta (por isso The Line). Lembra-se do projeto revolucionário de Paris chamado a Cidade de 15 minutos, onde tudo ficará literalmente ao máximo de 15 minutos de distância a pé ou de bicicleta? Na "Linha saudita", a proposta é mais ousada! Cinco minutos no máximo e 20 minutos para ir de uma ponta a outra da cidade (percorrendo os 170 km).

Olha que bacana a ideia deles.

A proposta parte do mesmo princípio básico dos projetos de Paris ou de Barcelona de que nossas cidades devem ser planejadas para as pessoas e não para os carros. Desta forma, podemos eliminar as ruas e focar em uma arquitetura e infraestrutura que valorizem a natureza.

Nessa reestruturação do conceito, a cidade já seria planejada considerando um raio de 5 km para os serviços básicos. Lembrando que é uma cidade construída do zero, o que facilita muito o trabalho se compararmos com Paris, que foi fundada em 250 a.C., ou seja, ela completará 2.270 primaveras no dia 8 de julho deste ano.

Agora entra a parte da tecnologia de ponta.

A Linha contará com uma infraestrutura toda subterrânea, das utilidades (água, luz, gás) à mobilidade (metrô, *hyperloop*). Tudo isso 100% planejado, operacionalizado e controlado por inteligência artificial.

O objetivo é oferecer a melhor qualidade de vida urbana do planeta, protegendo os recursos naturais e exaltando a natureza. Muito legal, não acha?

Mas se convidassem, você toparia ir morar lá na The Line, na Arábia Saudita?

Confira o vídeo ↗ oficial de lançamento do projeto e deixe sua opinião nos comentários.

Como eu havia enfatizado em nosso primeiro texto do ano ↗, 2021 promete. Janeiro é sempre emblemático para quem trabalha com inovação ↗ e tecnologia. Nosso primeiro encontro do ano com a tecnologia acontece na feira mais esperada do setor, a CES ↗ (Consumer Electronics Show), que aconteceu exatamente na segunda semana de janeiro (de 11 a 14) de 2021.

Quem sabe a gente se vê lá pelo Oriente Médio.

Este texto foi originalmente publicado na coluna Renato de Castro, de Tilt.

Acesso direto

Startup fornece carro de graça a equipes de saúde que combatem a Covid-19

QUESTÕES SANITÁRIAS, altíssima demanda, negociação com fornecedores e até desmentir *fake news*. Assim tem sido a jornada da Turbi, uma *startup* de compartilhamento de carros que ofereceu seu produto de graça para profissionais de saúde que estavam na linha de frente do combate ao coronavírus no país.

Conversei com o CEO e cofundador da Turbi, Diego Lira, sobre a iniciativa da empresa. Confira abaixo:

Assista o vídeo →

Este texto foi originalmente publicado na coluna Renato de Castro, de Tilt.

Acesso direto

Estamos prontos para o "carro" do futuro? Ele já chegou e se chama NEXT

Nossa viagem de hoje nos leva a uma "garagem" que fica a menos de 20 minutos da minha casa. Mas antes de começarmos, devo confessar que eu amo carros! Como um bom representante da geração X, eu nasci com gasolina nas minhas veias e muitos cavalos nos meus sonhos. Bons tempos... mas que não voltarão mais, já aceitei.

Como um grande apaixonado por carros, cidades inteligentes e *startups*, imaginem a minha animação quando eu ouvi falar deste projeto. O nome já é inspirador: **The Next Future Transportation Inc**., que chamarei somente de NEXT para facilitar. Para mim, a marca soa como uma mistura de Vale do Silício com disrupção muskeniana, não acha? Mas o cérebro e o coração do projeto estão na Itália, bem aqui ao meu lado.

Conheci o jovem engenheiro *Tommaso Gecchelin*, CTO da NEXT, em junho deste ano em um networking de inovação promovido pela Região do Vêneto, na Itália, e de cara me encantei com seu *pitch*. Tudo nasceu a partir de um projeto de final de curso da universidade que acabou virando uma *startup* ítalo-californiana que já recebeu mais de US$ 500 mil em investimentos.

A ideia é bem bacana e vem ao encontro de um problema enorme que temos em nossas cidades: como harmonizar o trânsito urbano mantendo o conforto e a comodidade de quem habita as periferias. Eu, por exemplo, dificilmente deixaria de usar meu amado carrinho para ir da minha cidade (Bastia di Rovolon) para o centro da Pádova.

Primeiro porque o transporte público, embora de qualidade, é bastante escasso por aqui. No meu caso, há somente ônibus a cada uma hora nos horários de maior movimento. Além disso, um trajeto que de carro eu faço em 25 minutos, leva quase uma hora no busão!

Se eu, apaixonado e militante da causa *smart city*, não me convenço do transporte público, imagine se meu vizinho vai deixar em casa sua Maserati para ir trabalhar de ônibus. Aí entra o Tommaso e sua mente criativa: por que não criar módulos autônomos que quando sozinhos se assemelham a carros, mas unidos viram um ônibus? Uma espécie de transporte coletivo e autônomo sob demanda. Bingo! NEXT!

Parece coisa de 2050, certo? Que nada. O projeto não é somente viável, como já tem até protótipo 100% operativo e clientes na fila de espera. Fiz uma entrevista superdescolada com o Tommaso enquanto dávamos um passeio no primeiro veículo construído ali mesmo, na "garagem" dele. Assistam ao vídeo que é praticamente um *spoiler* da nova geração da chamada **MaaS — mobilidade como um serviço**.

Esta combinação de garagem e tecnologia disruptiva funciona muito bem lá nos Estados Unidos — Google e Apple que o digam! Contudo, quem sabe não estamos assistindo ao nascimento de um legítimo unicórnio mediterrâneo literalmente no fundo do meu quintal? Só o tempo nos dirá.

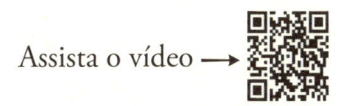

Assista o vídeo →

Acesso direto

Este texto foi originalmente publicado na coluna Renato de Castro, de Tilt.

Uber está mudando de economia compartilhada para pesadelo capitalista?

JÁ VOU AVISANDO QUE O TEXTO de hoje é bem polêmico! Também quero deixar bem claro que eu sou um grande entusiasta, apoiador e multiplicador da economia compartilhada. Acredito sim que a sociedade pode — e até mais, deve — ter um papel de protagonismo nesta nova revolução urbana que estamos vivendo.

Para entender o contexto, temos que voltar mais de 10 anos na história. Em 2009, nascia em San Francisco a *startup* Ubercab. Fundada por dois *startupers* experientes, o canadense Garrett Camp e o americano Travis Kalanick, eles trouxeram uma ideia simples, mas genial: conectar pessoas para "compartilharem" seus carros.

Como toda boa ideia que propõe soluções alternativas em mercados tradicionais, eles compraram briga com muita gente. O rival mais forte e organizado foi, desde o início, o segmento de táxis, que ainda trava uma guerra em praticamente todos os mercados em que a empresa entrou ao longo dos últimos 10 anos. E não foram poucos. Segundo a Uber, a companhia está presente em 63 países, totalizando mais de 785 áreas metropolitanas mundo afora, e tem um valor de mercado superior a US$ 60 bilhões. O sucesso foi tão grande que usamos o termo "uberização" para generalizar esse estilo de business mais informal, flexível e sob demanda.

Nós já conhecemos bem todos os argumentos contra o avanço dessa modalidade, como falta de subsídio de férias, 13º salário, auxílio refeição e descanso remunerado, por exemplo. Do outro lado da moeda, um dos argumentos mais fortes usado para justificar as empresas de transporte de passageiros por aplicativo é que elas ajudam a diminuir o trânsito nas cidades.

A própria Uber sempre tem como uma das suas missões reduzir a necessidade da propriedade de carro particular e expandir o acesso ao transporte para todos. Em 2015, Travis Kalanick estava tão confiante de que as viagens do Uber levariam as pessoas a deixarem seus carros em casa que ele disse: "Se todos os carros em San Francisco fossem Uber, não haveria tráfego".

Mas o que aconteceu 15 bilhões de viagens depois do início das atividades da empresa não foi bem isso...

Um estudo realizado pela consultoria Fehr & Peers a pedido da Uber e Lyft (sua principal concorrente nos EUA) em seis cidades americanas revelou que, em 2018, 13% dos carros nas ruas de San Francisco e 8% dos de Boston estão em atividade para as empresas. Ainda segundo o levantamento, os carros têm passageiros entre 54% e 62% do tempo que estão rodando. No restante, os veículos estão vazios. É até verdade que as pessoas que usam esses veículos deixam de usar seus carros particulares, mas somente isso não tem sido suficiente para melhorar o trânsito.

Bem, mas se tudo isso está relacionado à terra do *American dream*, provavelmente não há nada a ver com a Tupiniquinlândia, certo? *Well...* Nenhuma pesquisa similar foi divulgada no Brasil ainda mas, na minha modesta opinião, temos que ficar bem atentos, pois uma tempestade pode estar a caminho.

Segundo a última Pesquisa Nacional por Amostra de Domicílios Contínua (Pnad Contínua), 3,5 milhões de brasileiros "trabalhavam" como motorista de aplicativo em 2018, um aumento de quase 30% (810 mil brasileiros a mais) se comparado ao ano anterior.

Em 2014, quando a Uber entrou no Brasil, a proposta era realmente tentadora: a empresa prometia até R$ 7 mil de ganhos mensais, que eu até acredito que naquela época (e com muitas horas de trabalho) era possível. Contudo, a crise político-econômica que já avança por mais de seis anos levou a taxa de desemprego nas nossas cidades a números alarmantes e limitou a capacidade de criação de novos postos de trabalho. O que no início era somente um "bico" para reforçar o orçamento familiar acabou se tornando a atividade principal de muitos. Mas a questão é que a famosa mão invisível — termo que descreve benefícios não intencionais oriundos de ações individuais em interesse próprio — é implacável.

Recordo-me de uma conversa que tive com um motorista de aplicativo em uma de minhas recentes viagens ao Brasil, em dezembro de 2019, quando eu estava indo do meu hotel na Praia de Boa Viagem, em Recife, para a belíssima Olinda. Eu o questionei se as taxas de criminalidade na região aonde eu estava indo influenciavam as corridas, pois estava esperando por um carro havia 25 minutos e dois motoristas cancelaram a corrida anteriormente. A resposta me surpreendeu: segundo ele, a violência no Recife e em Olinda estava diminuindo, o que me deu certo alívio. Ele ainda acrescentou que provavelmente o motivo dos cancelamentos era o receio de avaliações baixas. O motorista me explicou que corridas para algumas regiões (principalmente em áreas carentes) são evitadas, pois os usuários costumam colocar a menor avaliação possível (uma estrela) para ganharem, automaticamente, um desconto na próxima corrida!

A tendência a ter um novo público em segmentos que antes eram exclusivos para alguns é comprovada por uma outra pesquisa americana realizada pela Schaller Consulting também em 2018. Segundo o levantamento, mais de 60% dos passageiros de aplicativos eram pessoas que geralmente pegariam transporte público, bicicleta ou andariam a pé. Na outra ponta, apenas 20% dos usuários pegariam táxis e, por fim, somente 20% usariam seus próprios carros. Não tem jeito, o mercado se autorregula.

Mais uma vez, repito que sou fã incondicional dos aplicativos de transporte. Uso constantemente em todas as minhas viagens pelo mundo e vou continuar a usar. Mas confesso que uma luzinha amarela se acendeu agora. Será que essa solução realmente está ajudando a melhorar a mobilidade nas nossas cidades e, principalmente, a aumentar a acessibilidade e democratizar o transporte para todos?

O belo conceito que nasceu como uma solução da desejada economia compartilhada, com uma inspiração de tons quase marxista, pode estar correndo o risco de se tornar um grande pesadelo capitalista para nossas cidades e cidadãos.

Este texto foi originalmente publicado na coluna *Renato de Castro*, de Tilt.

Acesso direto

Sonho de pedir um táxi voador está mais próximo até para os brasileiros

TODA VEZ QUE FALAMOS SOBRE O FUTURO, se você for da geração *baby boomer* até a geração X pelo menos, dificilmente deixará de fazer uma associação com o desenho *Os Jetsons*. Então, lá vai mais uma!

Em janeiro de 2020, a [Joby Aviation](#), empresa californiana que iniciou há 10 anos um projeto de transporte (táxi) aéreo de uso diário que seja acessível a todos (sim, como acontece nos Jetsons!), anunciou que recebeu mais uma rodada de investimentos. Você está lembrado que mencionei que a [Toyota](#) está explorando novos mares? Pois então, parte do investimento, mais precisamente US$ 349 milhões (mais de R$ 1 bilhão), foi da empresa japonesa. Anteriormente, a Toyota já tinha investido US$ 371 milhões na companhia aérea. Por que aumentar as cifras, então?

Se pararmos para pensar, o transporte nas grandes cidades é um caos em qualquer parte do mundo, mas em proporções diferentes. As *smart cities* que estão em desenvolvimento já têm um planejamento mais adequado de transporte, contudo, ainda temos o desafio de tornar as atuais cidades mais inteligentes e até mesmo melhorar os futuros municípios.

Além disso, estamos mais do que nunca ambientalmente conscientes. O investimento de empresas tradicionais e de tecnologia em projetos que levam em consideração não só o benefício ao homem como, também, o impacto na natureza é mais do que tendência.

A aeronave da Joby Aviation, por exemplo, decola verticalmente como um helicóptero e voa como um avião para atingir mais velocidade. Diferentemente desses dois meios de transporte que utilizamos hoje e consomem muito combustível, o novo modelo é totalmente elétrico e tem emissão zero de carbono durante sua operação, o que colabora, ainda, para que ele seja 100 vezes mais silencioso do que aeronaves tradicionais durante pousos e decolagens. O grande x da questão é: como fazer com que ele seja um meio de transporte acessível?

A companhia californiana parece ter uma boa ideia de como alcançar o sucesso em seus negócios. Por ser um veículo elétrico, os custos com combustíveis e manutenção são reduzidos drasticamente. Com o tempo, eles planejam aumentar a demanda distribuindo os custos de cada corrida, o que, por consequência, reduzirá o valor final para cada passageiro.

Mas toda nova tecnologia demora para chegar ao Brasil, não é? Se considerarmos que a maior frota de helicópteros do mundo está em São Paulo, eu não afirmaria isso. O Uber Air, por exemplo, já cogitou iniciar suas operações no país. O que chama atenção é que a capital paulista é a única do mundo com um controle de tráfego aéreo exclusivo para helicópteros, o que poderá ser uma vantagem quando o termo "corrida aérea" passar a ser tão comum quanto "corrida de táxi".

Em 2018, quando visitei a incubadora A3 da Airbus, comentei que esse tipo de transporte será uma realidade em breve. Ao que tudo indica, o futuro está mais próximo do que imaginamos. O que você acha?

Este texto foi originalmente publicado na coluna Renato de Castro, de Tilt.

Acesso direto

Conclusão

Para encerrar (mais uma vez, porém ainda por enquanto)

Este livro representa literalmente a continuação de jornada. Do meu livro anterior (2019) às últimas linhas deste, o mundo virou literalmente de cabeça para baixo. A humanidade passou pelos momentos mais difíceis desde o fim da Segunda Guerra Mundial. A pandemia da Covid-19 marcou o início de uma nova era, mais digital e certamente muito menos previsível.

Como vimos em diversos textos, não estávamos prontos. Nossas cidades mais inteligentes não eram, e acredito, continuam ainda sendo pouco resilientes. Mas acho que aprendemos uma dura lição e estamos evoluindo. Toda essa aceleração no processo de digitalização acabou trazendo à tona novas oportunidades e desafios.

O tal metaverso é um bom exemplo. Desde o anúncio da mudança do nome para Meta da holding controladora do Facebook e WhatsApp, esse termo se tornou um dos tópicos mais populares, tanto nas redes sociais quanto na mídia em geral. Dos grupos de mensagem do celular ao *Jornal Nacional*, todos estão falando. Desafio vocês a me apontarem uma pessoa que já não tenha pelo menos ouvido falar neste famigerado metaverso.

Antes de entrarmos nas cidades metaverso, vamos discutir um pouco sobre o que é metaverso. Existem já várias definições contemporâneas formais. Mas o termo foi mencionado pela primeira vez no livro de ficção científica *Snow Crash*, do autor americano Neal Stephenson, publicado em 1992. No Brasil, o livro foi publicado com o título *Nevasca*. A inspiração do texto vem de um problema que acontecia com os antigos computadores MacIntosh que, quando travavam, a CPU começava a desenhar na tela pontos aleatórios similares a uma tempestade de neve (em inglês, *snow crash*).

O próprio conceito de metaverso como um ambiente virtual que simula uma realidade como conhecemos hoje não é novo. Em 2003, nascia o Second Life, um espécie de jogo de simulação da vida real, onde você já podia ter sua casa, interagir com amigos e até casar... (aconselho muito ver a nova versão turbinada recém-lançada, está show!).

Atualmente, temos mais de 200 ambientes virtuais se autointitulando como metaversos. De plataformas educacionais como o Minecraft a jogos superpopulares como Roblox ou Fortnite, todos são versões de um metaverso. Então, o que é metaverso? Eu diria que temos sete conceitos importantes para levarmos em consideração na identificação de um metaverso:

a) Online e em tempo real
b) Tridimensional
c) Realidade virtual
d) Realidade aumentada
e) Imersivo
f) Social
g) *Blockchain* e criptomoedas

Eles também podem ser classificados em diversas categorias diferentes, por exemplo: **mercados imobiliários** como Decentraland e The Sandbox; **corporativos** como Microsoft Mesh; plataformas de jogos como Fortnite, Roblox, Axie Infinity; **sociais** como Avakin Life; **digital twins** (ou gêmeos digitais) como o Nvidia Omniverse; **economias virtuais** como Highstreet Market, e a lista não termina.

Entre as diversas oportunidades que estão aparecendo neste campo, podemos destacar quatro que estão ganhando a atenção de investidores por todo o globo. Como os números não mentem jamais, deixo para você um pouquinho desse admirável mundo novo:

Oportunidade 1 – Mercado imobiliário

A corrida do ouro no mundo dos metaversos começou no final de 2021, um pouco depois do famoso anúncio da Meta, que comentamos anteriormente. Somente em novembro de 2021, mais de 100 milhões de dólares foram investidos na compra de terrenos online. Em um dos principais metaversos "imobiliários", o Decentraland, o metro quadrado da terra virtual já chega a custar mais que o Leblon, no Rio de Janeiro (estimado em dezembro de 2021 em R$ 22.000/m^2). Já em outro metaverso popular, o The Sandbox, o terreno mais caro de 2021 foi vendido por 4,3 milhões de dólares. Estima-se que, em 2025, a indústria do mercado imobiliário no metaverso valerá a bagatela de 400 bilhões de dólares, muito mais que o PIB de vários países.

Oportunidade 2 – Moda e varejo

O milionário mundo da moda não ficaria de fora desta festa. Na verdade, foi uma das primeiras indústrias a apostarem na tendência e os números já impressionam. Nike, Samsung, Louis Vuitton, Coca-Cola, L'Oréal, Balenciaga, Gucci, Vans, Zara, Apple, Forever 21 e Walmart integram a lista de marcas que possuem estratégias claras e ações no metaverso. As chamadas *skins*, que englobam as roupas e os acessórios que um avatar (seu personagem nos jogos) pode usar movimentou 40 bilhões de dólares em 2021, somente no segmento de jogos online. Pasmem, uma bolsa virtual da Gucci foi vendida em dezembro de 2021 por 3.891 dólares. E esse mercado não vai parar de crescer tão cedo. Estima-se que ele alcançará um valor acima de 100 bilhões de dólares no final desta década. O melhor e mais impressionante disso tudo, sabe qual o estoque que uma marca precisa manter dos seus artigos digitais? Zero. Alguma dúvida que é "um negocio do outro mundo"? Negócio do metaverso.

Oportunidade 3 – Indústria do entretenimento

Entre todas as indústrias prejudicadas com a pandemia da Covid-19, uma das mais afetadas foi a do entretenimento e lazer. Com a necessidade do distanciamento social, shows, espetáculos e concertos ao vivo foram praticamente reduzidos a zero durante quase dois anos. O que parecia o fim de uma atividade econômica acabou se convertendo em uma grande oportunidade exatamente pela necessidade dos *lockdowns*, que deixaram as pessoas presas em casa, mas livres para imergir nos jogos online, nas redes sociais e nos mundos virtuais. A indústria de videogames fechou o ano de 2020 com um faturamento global de quase 160 bilhões de dólares. Aproveitando essa superexposição aos ambientes virtuais, jogos como Fortnite começaram a explorar outras atividades em seus ambientes, como concertos ao vivo para os jogadores. Um deles acabou entrando para a história. Em abril de 2020, o renomado *rapper* americano Travis Scott iniciou uma turnê online chamada de *Astronomical*. E os resultados fizeram jus ao nome. Foram literalmente astronômicos, alcançando 12,3 milhões de expectadores, ou melhor, de jogadores online, para um concerto ao vivo que durou 15 minutos. No total, o evento teve mais de 45 milhões de visualizações em três meses, rendendo para o artista um cachê de meio milhão de dólares. De lá para cá, os concertos ao vivo se popularizaram. Em novembro de 2020, no auge da segunda onda da pandemia, o concerto virtual da cantora inglesa Dua Lipa rendeu quase 70 milhões de dólares somente da venda de bilhetes, virtuais, claro! E a festa não vai acabar por aqui. Para 2024, estima-se um mercado de eventos online em tempo real (ao vivo) alcançando a cifra de 800 milhões de dólares.

Oportunidade 4 – *Digital twins*, ou gêmeos virtuais

Enfim, chegamos a nossa seara. Nossas cidades também se beneficiarão desse movimento mundial trazendo, por consequência, benefícios para os cidadãos. O mercado conhecido como *digital twins*, ou seja, representações virtuais de produtos, empresas ou cidades, já explicado anteriormente, está sendo potencializado pela onda dos metaversos. Estima-se um mercado entre 50 milhões e 70 milhões de dólares já em 2027, contra os 5 bilhões em 2020, com uma taxa de crescimento de 38% ao ano. Uma pesquisa global indicou que 62% das empresas de Internet das Coisas (IoT) entrevistadas pretendem já estarem utilizando a tecnologia de *digital twin* até 2023.

Imaginem então o potencial para as nossas cidades. Várias delas já anunciaram seus planos de curto e médio prazo na adoção dos metaversos. Já logo após a Meta tornar pública sua dedicação a esse novo universo, a cidade de Seul foi a primeira no mundo a anunciar que passará a oferecer serviços públicos nesse mundo digital novo e, seguindo essa tendência, Hong Kong e Shanghai também não ficaram para trás. Será que as cidades asiáticas irão liderar essa transformação?

O The Sandbox anunciou em janeiro de 2022 uma parceria com diversos profissionais e empresas de Hong Kong nos setores de cinema, música, entretenimento, serviços, finanças, imobiliário e jogos para criar a Mega City, um novo *hub* cultural. Os primeiros lotes virtuais colocados à venda para aqueles que queiram fazer parte dessa região cultural que deve ser baseada ou inspirada por diversos talentos de Hong Kong foram adquiridos em menos de 60 segundos. Dê uma olhada em quem já confirmou presença e como eles irão usar o metaverso na Mega City:

- O diretor e produtor Stephen Fung homenageará filmes clássicos de Hong Kong por meio de experiências imersivas e uma galeria NFT (non-fungible tokens) disponibilizará seus trabalhos e de novos artistas selecionados por ele.

- A atriz e modelo Shu Qi pretende se aproximar mais de seus fãs por meio da plataforma e disponibilizar conteúdo NFT exclusivo.

- Um parque será criado pelo ilustrador Dreamergo e mais de mil ilustrações dele serão inclusas na plataforma. Será possível colecionar personagens, tirar foto e até mesmo jogar com eles.

- O primeiro clube asiático no metaverso, a BlueArk Land, será criado pelo artista e produtor Dough-Boy. Nele será possível curtir música, jogos, artes, entre outros itens que terão a curadoria de Dough-Boy e seus amigos.

- O Little Fighter Metaverse trará quatro áreas, Kowloon City, Ninja Village, Ice and Fire Island e Evil Castle, onde jogadores poderão encontrar e interagir com os personagens do jogo, embarcar em aventuras juntos, resolver quebra-cabeças e lutar lado a lado deles em missões, tudo com recompensas, inclusive em NFT.

- A empresa Times Capital trabalhará com estúdios de jogos e criadores para desenvolver um museu imersivo de filmes de Hong Kong e um jogo baseado em mais de 150 filmes IP clássicos. Além disso, a companhia será responsável por uma das maiores galerias NFT no The Sandbox.

- Um museu virtual apresentará as obras da SHK & Co, incluindo um NFT exclusivo do icônico iate de corrida Scallywag. Além de promover a arte no mundo virtual, as receitas geradas na plataforma serão doadas à Fundação SHK & Co, que apoia iniciativas de caridade na China.

- O empresário Adrian Cheng disponibilizará o Pavilhão GBA para que *start-ups* mostrem seus trabalhos em um ambiente que mistura criatividade e tecnologia.

No outro lado do mar Amarelo, Xangai optou por unir a ideia de Seul e Hong Kong e usar o universo virtual em serviços públicos, negócios, entretenimento e manufatura industrial. Em um plano de cinco anos, a Comissão Municipal de Economia e Tecnologia da Informação da cidade planeja incentivar estudos e novas tecnologias, como sensores, interações em tempo real e *blockchain*, que passem a integrar o metaverso.

Qual caminho o metaverso deve seguir?

Já te explicamos aqui o que é o metaverso, mas você sabia que há alguns princípios que o regem não oficialmente e que devem fazer parte de todos os projetos? Por exemplo, ele deve ser aberto, universal e interoperável, o que quer dizer que os usuários podem acessá-lo livremente de qualquer lugar do mundo a qualquer momento e, para entender melhor a interoperabilidade, nós precisamos pensar no mundo como o conhecemos hoje.

Se você sai de sua casa para uma cidade vizinha, sua identidade continua a mesma, os objetivos que levou com você ainda permanecem em sua posse, caso não tenha tido nenhum empecilho no meio do caminho, e você é capaz de voltar a sua residência da mesma forma. Essa continuidade do mundo real deve ser refletida no virtual quando você deixa uma plataforma e acessa outra.

Além disso, você deve se lembrar que o metaverso é uma extensão do mundo em que vivemos e, muitas vezes, interagimos um com o outro. Pois então, assim como nas cidades mais inteligentes, o humano é o centro das ações no metaverso, e diversos outros aspectos que o envolvem, como respeito, diversidade e honestidade, também fazem parte dos princípios dele. Se você analisar com atenção os projetos de Hong Kong, Seul e Xangai, todos eles estão centrados em públicos específicos que irão se beneficiar dos novos recursos.

Para encerrar esta jornada que percorremos juntos, deixo você com meu primeiro texto oficial em português sobre o tema, que foi o último publicado na temporada de 2021. Fim de uma fase ou início de uma nova? Só o próximo livro poderá nos dizer.

Sabe o que é cidade metaversa? Seul vai investir bilhões para se tornar uma

Há algumas semanas, um termo que era conhecido somente por alguns ganhou as manchetes do mundo inteiro: o metaverso. Em um processo milionário de reestruturação, o Facebook ⧉ anunciou que a marca passaria a ser utilizada somente para a rede social que deu origem ao império de Mark Zuckerberg, e que a empresa responsável pelo conglomerado passaria a se chamar Meta. Coincidência ou não, o novo nome deriva do principal carro-chefe da companhia agora, o metaverso.

Na carta de anúncio da novidade, Mark disse que "o metaverso parecerá um híbrido das experiências sociais online de hoje, às vezes expandido em três dimensões ou projetando no mundo físico. Isso permitirá que você compartilhe experiências imersivas com outras pessoas, mesmo quando vocês não podem estar juntos — e fazer coisas juntos que você não poderia fazer no mundo físico". Mas você realmente entendeu o que significa?

Em uma pesquisa rápida no Google pela palavra metaverso (*metaverse*, em inglês), são encontrados 112 milhões de hits, dos mais otimistas às previsões de fim do mundo.

Algo que muitas pessoas confundem é que o metaverso não é uma tecnologia em si, mas uma nova forma de comunicação e como nós iremos interagir com diferentes tecnologias.

Você se lembra de que já falamos sobre realidade virtual e aumentada? Elas, por exemplo, fazem parte desse "novo universo" que passa a movimentar milhões de reais.

Com o crescimento do mundo virtual, a tendência é que mais produtos digitais sejam comercializados e uma nova economia passe a existir.

Só para você ter uma ideia, se fizermos um paralelo com as criptomoedas, imagine que você tivesse comprado US$ 100 em bitcoins no seu lançamento, em janeiro de 2009 (cerca de R$ 230 na época). Hoje, você teria simplesmente US$ 48 milhões.

Mas não se anime muito, o metaverso não é tão barato assim!

O Decentraland, plataforma de realidade virtual que tem 90.601 terrenos, teve um de seus lotes arrematado por US$ 2,4 milhões pela empresa Tokens.com na semana passada, o mais caro da história. O terreno, que fica na rua Fashion, deverá ser utilizado pela empresa para hospedar eventos de moda digital e vender roupas virtuais para avatares.

Outros dois metaversos que também começam a ganhar popularidade são o Axie Infinity e o The Sandbox, que também teve seu momento de glória recentemente.

Em um evento que demonstra como os mundos virtual e real podem se misturar, alguém pagou cerca de US$ 650 mil em *ethereum* por um iate NFT (*non-fungible token*) que só existe no The Sandbox, tornando-o o ativo mais caro da plataforma.

Apesar de ser visto por muitos como algo para os mais jovens encabeçado pelo Facebook, o que não é verdade, o metaverso é "coisa de gente grande" e também estará presente nos projetos de cidades mais inteligentes, é claro.

Um exemplo mais recente é a cidade de Seul, que em dezembro de 2021 anunciou que pretende investir US$ 3,3 bilhões até 2030 para se tornar uma cidade metaversa.

Lembra que comentei anteriormente que esse novo termo está muito relacionado à forma como lidamos com a tecnologia e como ela impacta nosso cotidiano? Pois então, a ideia da cidade asiática é ter um canal de comunicação virtual para todos os seus serviços administrativos, abrangendo de cultura e turismo à economia e educação, o qual será implantado gradualmente.

O pontapé inicial já começa em 2021 com uma cerimônia virtual para tocar o sino de Bosingak no Ano-Novo. Além disso, diversas instalações já estarão disponíveis, como o gabinete do prefeito, laboratório *fintech* e área de investidores.

A partir de 2022, o projeto passa a seguir um cronograma de implementação que foi dividido em três fases: introdução, no ano de 2022, expansão, de 2023 a 2024, e estabelecimento, de 2025 a 2026.

Apesar de todo planejamento, de nada irá adiantar ter tudo isso se a população não se envolver, como já falamos aqui sobre o modelo The Neural© e a importância da dimensão "pessoas" nos planos de cidades inteligentes.

No anúncio do Metaverse Seoul, como o projeto é chamado pelo município, já foi previsto que todas as faixas etárias devem se beneficiar dos novos recursos e que a inclusão é um dos objetivos a serem alcançados.

Para isso, entre outras iniciativas está a de desenvolver serviços com conteúdo de segurança e acessibilidade por meio de realidade estendida para aqueles que sejam socialmente vulneráveis, por exemplo.

Está mais do que claro que o futuro do uso das realidades mistas, das criptomoedas, do *blockchain* e dos gêmeos digitais (*digital twin*), sobre os quais discutimos bastante neste livro, está finalmente virando realidade em nossas cidades para beneficiar não só os que ali vivem, mas toda a comunidade.

Seul deu o primeiro passo na corrida das cidades metaversas, mas será que no futuro teremos cidades inteligentes virtuais? Quem viver, verá!

Minha definição de cidade inteligente continua a mesma: **lugares em que tudo parece conspirar para tornar a sua vida melhor**. Essa é uma perspectiva focada no cidadão, no usuário, estando ele no mundo real ou agora também no virtual. Você não precisa entender de tecnologia nem das minúcias de uma estratégia de *smart city*, só precisa sentir que sua vida hoje está melhor que no passado e ter a certeza que amanhã irá melhorar ainda mais. Um novo mundo de oportunidades e desafios está se abrindo na nossa frente. Lembrem-se daqueles que, como eu, tiveram a oportunidade de comprar bitcoins lá no seu lançamento em 2009 por centavos de dólares e não fizeram! E para aqueles que não mergulharem nesse mundo novo, repleto de desafios e oportunidades, só não venham me dizer em 2032 que ninguém deu a dica. ;)

Lembrem-se, *smart city* não é um destino final, mas uma jornada contínua. Sucesso então em sua caminhada de agora em diante conte comigo!

Este texto foi originalmente publicado na coluna Renato de Castro, de Tilt.

Acesso direto

Agradecimentos

Dizem que livros são como filhos: dedicamos tempo de nossas vidas ao planejamento e à concepção e depois de maduros eles seguem suas próprias estradas. Eu concordo com essa afirmação. Meu primeiro livro, *A cidade Startup: uma nova era de cidades mais inteligentes*, foi um grande sucesso e o conceito que eu propunha se difundiu muito rapidamente e está sendo aplicado em várias cidades brasileiras. E aqui já fica meu primeiro agradecimento a todos que compraram e estão difundindo a ideia.

Também como nossos filhos, nossos livros são frutos de uma longa trajetória. Todos têm uma origem, um DNA. Minha história tem bases sólidas na minha família. Não somente a genética, mas principalmente o caráter, a determinação e a resiliência dos meus pais e ídolos maiores, Lusia e Renato, a quem dedico minha eterna gratidão e mais sincero obrigado.

Falando em família, se o passado me fez quem eu sou, é o presente que me motiva a seguir firme na minha missão de construir cidades mais inteligentes. Um obrigado superespecial a minha companheira de vida, Elisa Baldan, e às minhas maiores fontes de inspiração, meu filho Giovanni e minha doce Carolina.

Um sincero agradecimento póstumo ao meu segundo pai, o Dr. Franco Baldan, que dedicou sua vida a nossa comunidade de Bastia di Rovolon, mais de 40 anos como médico e por duas vezes como prefeito, que nos deixou em dezembro de 2020. Obrigado por me ter confiado sua filha, me acolhendo em sua casa como um verdadeiro filho. Metade do livro é baseado no trabalho que fizemos, juntos, para nossa querida cidade, que engrandece o enorme legado que você nos deixou.

Por último, um agradecimento especial ao amigo Marcelo de Sousa e Silva, presidente da CDL de Belo Horizonte, pelo apoio institucional oferecido aos projetos desenvolvidos na Itália no início da pandemia da Covid-19 e pelo patrocínio cultural ao livro, e a todos que ajudaram direta e indiretamente na realização desta publicação

Índice remissivo

CIDADES

A
Abu Dhabi 93; 95; 96; 169.
Amsterdã 174.

B
Bangalore 225; 226.
Barcelona 12; 162; 165; 170; 235; 244; 250; 253; 255.
Bari 76.
Begles 162.
Belo Horizonte 64; 65; 163; 194; 203; 204; 240; 248; 267.
Boston 261.
Bragança 208.
Brasília 65; 160; 233; 245.
Bristol 163; 165.
Buenos Aires 163.

C
Campinas 158; 160;
Campo Grande 160.
Cisco 184.

Chennai 225.
Constantinopla 20.
Copenhague 62.
Cotiporã 105.
Curitiba 163; 165; 172.

D
Delia 76;
Dubai 16f; 19; 40; 66; 98; 127; 133; 134; 143; 144; 157; 178; 179; 192;

E
Estocolmo 62; 163.

F
Florianópolis 158; 181.
Frankfurt 240.

G
Goiânia 65.
Gualdo Tadino 76.
Guangzhou 183; 184.

H
Hangzhou 111.
Helsinki 62; 63.
Hong Kong 25; 183; 184; 270; 271; 272.

I
Istambul 20; 21; 244;
Itajaí 117;

J
Jaguariúna 160.
Juazeiro do Norte 137; 139; 164;

K
Kamikatsu 38; 66.
Kiev 163.

L
Laguna 40.
La Paz 164.
Londres 12; 249; 250.
Lucera 76;
Lusail 40; 255.

M
Macau 183.
Madison 162.
Manaus 65.
Masdar City 19.
Medellín 124; 125; 126; 164.
Melbourne 174; 237; 238.
Milão 12; 47.
Montevidéu 163; 165.
Moscou 107; 108; 165.

N
Natal 65.
Neon City 40.
Nova Délhi 225; 226.
Nova York 12; 164; 184; 238.

O
Olinda 262.
Oslo 62.

P
Padova 52; 56; 259.
Palmas 160.
Palo Alto 80.
Panyu 184.
Paris 93; 95; 218; 235; 245; 250; 251; 255.
Pequim 183.
Petrópolis 228; 229; 230.
Piracicaba 213.

Q

R
Recife 65; 160; 193; 194; 262.
Reggio Calabria 76.
Rio de Janeiro 12; 116; 119; 123; 124; 138; 144; 161; 164; 244; 248; 268.
Rovolon 53; 68; 70; 71; 103; 129; 130; 201; 259; 266.

S
Salvador 65; 109; 167.
São Francisco 184; 227.
São Paulo 119; 122; 158; 160; 162; 194; 213; 244; 265.
Seul 163; 165; 270; 271; 272; 273; 275; 276.
Shanghai 270
Shenzhen 183; 184.
Singapura 25; 113; 115; 156; 164; 165; 220; 221; 222.
Songdo 19; 40.

T
Tabuk 255.
Teerã 163.
Tel Aviv 165.
Tóquio 184.
Toronto 197;

U
Uruk 19;

V
Valinhos 122.
Varginha 64.
Vitória 117;
Volta Redonda 158.

X
Xangai 271; 272.
Xiangyang 111.

Y

W
Woven City 254.
Wuhan 78.

Z

EMPRESAS/INSTITUIÇÕES/PLATAFORMAS

A

Accor 210.
Airbus 265.
Agência Brasil 227.
Águas do Imperador 229; 230.
Al Jazeera 152.
Alphabet 197.
AntsBox 121.
Apple 259; 268.
Apple Itália 52.
Associação Nacional de Conselheiros 181.
Avakin Life 267.
Axie Infinity 269; 274.
A3 265.

B

Balenciaga 268.
Banco Nacional de Desenvolvimento Econômico e Social (BNDES) 171.
Bank of America Merrill Lynch 200.
Benfeitoria 186.
Betfair 181.
Betsson 181.
Brookings 124.
Billetto 48.
BusinessInsider 214.
ByDoor 205.

C

Câmara de Dirigentes Lojistas de Belo Horizonte (CDL/BH) 203.
Carrefour Market 54.
Catarse 186.
Centro de Operações da Prefeitura do Rio de Janeiro (COR) 116.
Centro Geral de Armazenamento e Processamento de Dados 109.
Citibank 125.
CITZs 118.
Coca-Cola 268.
Cogel (Companhia de Governança Eletrônica de Salvador) 167.
Comissão Municipal de Economia e Tecnologia da Informação de Seul 271.
Comitê de Mobilidade Online da Associação Brasileira Online to Offline (ABO2O) 253.

D

Decentraland 267; 268; 274.
Departamento de Economia e Assuntos Sociais das Nações Unidas 156.
Departamento de TI de Moscou 108.
DFSA (Autoridade de Serviços Financeiros de Dubai) 187.
Dubai Chamber 170.

E

e-Governance Academy 154.
Emaar 169.
Energy Market Authority 166;
Escola Apple 52.
Estadão Conteúdo 74.

F

Facebook 47; 48; 55; 68; 69; 70; 102; 103; 107; 108; 130; 266; 273; 275.

Federação das Indústrias de Minas Gerais (FIEMG) 234
Federação Nacional das Ordens de Cirurgiões e Dentistas (Fnomceo) 129.
Fehr & Peers 261.
Fira Barcelona 165.
Fipe-Confcommercio (Federação Italiana de Exercícios Públicos) 49-50;
Flapper 247; 248.
Forever 21 268.
Fórum Econômico Mundial 99; 101; 149.
Fundação Citinova (Fundação de Ciências, Tecnologia e Inovação de Fortaleza) 167.

G
Google 197; 259; 274.
Grupo Veggi 192.
Gucci 268.

H
Harvard University 104.
Highstreet Market 267.
Hive 187.

I
International Business Machines Corporation (IBM) 150.
International Data Corporation (IDC) 141.
Instagram 47.
Instituto Federal do Ceará 167.
Instituto Internacional de Pesquisa de Política Alimentar 101.
Intelligent Merchant City 13;

J
Joby Aviation 264; 265;

K
Kaspersky 152.

L
La Reppublica 129.
LinkedIn Learning 80.
L'Oréal 268.
Louis Vuitton 268.
Lyft 261.

M
Meta 266; 270; 273.

Microsoft Mesh 267.
Minecraft 267.
Ministério da Felicidade 44; 169.
McKinsey & Company 31.

N
Netflix 124; 213.
Nike 268.
Nvidia Omniverse 267.

O
O'Reilly Media 80.
Organização das Nações Unidas (ONU) 155.
Organização Internacional do Trabalho 100.
Organização Mundial de Propriedade Intelectual (OMPI) 60.
Organização Mundial de Saúde (OMS) 99; 191.

P
Psafe 150.

Q

R

RD3 Digital 211; 212.
Rede Europeia de Laboratórios de Políticas Municipais 13;
Rede Europeia de Laboratórios Políticos (European Network of City Policy Labs) 196;
Rovolon Digital Academy 47; 49.

S

Samsung 268.
Schaller Consulting 263.
Serviço Brasileiro de Apoio às Micro e Pequenas Empresas (Sebrae) 189.
Sebrae Minas Gerais 190.
Secretaria da Segurança Pública da Bahia (SSP-BA) 110.
SESI (Serviço Social da Indústria) 60; 65.
Sidewalks 197.
Skylar 213.
Smartcrowd 187; 188.
Smart Travel 207; 208.
SMU Crowdfunding 248.
Sociedade Italiana de Anestesia, Analgesia, Reanimação e Terapia Intensiva (Siaarti) 128.
Starlink 23; 30.
Sun Electric 221.
SHK & Co 271.

T

Teams 29.
Tembici 253.
The Next Future Transportation Inc 258; 259.
The Sandbox 267; 268; 270; 271; 274; 275.
Times Capital 271.
TIP 121.
Tipico 181.
Tokens.com 274.
Toyota Motor Corporation 254; 264.
Tribunal de Contas da União 142; 233.
Turbi 257.
Twitter 77.

U

Uber 118; 247; 260; 261; 262; 265.
Universidade de Tecnologia de Viena 25; 245.
Universidade Pantheon-Sorbonne 250.
UOL 152.
Urban Land Institute 125;
Urban Systems 159.

V

Vans 268.
Virtual Singapore 113;
Vkontakte 108.

X

Xinhua 111.

Y

YouTube 80; 118; 175; 190.

W

Walmart 268.
Waze 138.
Whatsapp 29; 47; 54; 69; 73; 266.
Wired 153.
World Resources Institute 225.

Z

Zara 268.
Zoom 29; 30; 214.

LIVROS/ RELATÓRIOS/ ESTUDOS

A
A Cidade Startup 80; 86; 138; 266.
Atlas da Violência 2020 74;

B
BP Statistical Review of World Energy 2018 169;

C
Covid-19 e o futuro dos negócios 150;

D
Desenvolvimento Mundial da Água da ONU 227;

E
E-Government Survey 2020 156;
Elsevier Gender in The Global Research Landscape 60;
Evaluating Covid-19 Public Health Messaging in Italy 104;

F

G
Global Metro Monitor 124;

H

I
Iceberg digital 152;

J

K

L

M
Michaelis (dicionário *online*) 36;

N
Nevasca (título original *Snow Crash*) 267.
New Kids On The Block. Millennials & Centennials 200.

O

P
Pesquisa de Percepção de Riscos Globais 100;

Q

R
Relatório Global de Riscos 2021 99;
Relatório Global de Riscos 2006 99;
Relatório Global de Riscos 100; 149;

S
Smart Cities for Dummies 13; 80; 208;
Snow Crash (No Brasil publicado como Nevasca) 267.

T
Tech-Trends-Executive Summary 2021 31.

U

V

X

Y

W
World Happiness Report 63.

Z

PESSOAS

A

Adrian Cheng 271.
Akio Toyoda 254.
Alexandre Alves 121.
Alexandre Cardeman 117.
Alex Berenguer 118.
Ammar Nawaz 187.
Anne Hidalgo 245; 250.
Andy Lin 184.
Antonio Decaro 76.
Antonio Tutolo 76.

B

Boyd Cohen 13; 25; 27.

C

Carlos Moreno 208; 250.
Cláudio Maltez 167.
Claudio Nascimento 73.
Claudio Ricardo Gomes de Lima 167.
Confúcio 145; 146.

D

Diego Lira 257;
Dmitry Golovin 108.
Dom Pedro I 228.
Dom Pedro II 228.
Dough-Boy 271.
Dreamergo 270.

Dua Lipa 269.

E

Eliana Bejanaro 208.
Elon Musk 23; 30.
Epiteto 42;

F

Fabio Beggiato 54; 55.
Fátima Bernardes 150.
Federico De Arteaga Vidiella 208.
Filippo Anelli 129.
Frans-Anton Vermast 79; 80; 173; 174; 175.

G

Garrett Camp 260.
Gianfilippo Bancheri 76.
Giuseppe Falcomatà 76.
Guilherme Martins 135;
Guo Bing 171; 172.
Gustavo Veggi 192.

H

Hassan Sheikh 187.
Hila Oren 79.

I

Immanuel Kant 42.
Inga Hlin Palsdottir 208.

J

Jair Bolsonaro 150.
João Rampini 194.
João Roberto Marques Lobo 189.
Jonathan Reichental 13; 79; 80; 208.
Jorge Saraiva 13; 79; 196.
Juliana Minorello 253.

K

L

Laila Al-Hadhrami 208.
Leonardo Mascarenhas 205.
Leandro Moreira Garcia 163.
Linnar Viik 154.
Luana Moro 213.

M

Marcelo de Souza e Silva 203.
Marcos Lima 73.
Mariam Hareb Almheiri 96.
Marinez Rodrigues 66.
Mark Zuckerberg 273; 274.
Martin Barry 208.
Massimiliano Presciutti 76.
Max Leal 18;
Michel Temer 111.
Mohammed bin Salman 254.

N

Neal Stephenson 267.

O

Omar Alkhan 170.

P

Pablo Escobar 124.
Paul Copping 13;
Paul Malicki 247; 248.
Paulo Mancio 210.
Paulo Mol 60.
Paulo Veríssimo 190.
Piero Pelizzaro 208.
Pitágoras 42;

Q

R

Raphael Magri 212.
Ross McKenzie 13; 16f;

S

Sasha Qian 208.
Shu Qi 270.
Sigmund Freud 43.
Stephen Fung 270.

T

Teodomiro Diniz Camargos 234.
Tommaso Gecchelin 258; 259.
Travis Kalanick 260; 261.
Travis Scott 269.

U

V

Vincenzo De Luca 76.
Vitor Antunes 167.
Vitor Pereira 207; 208.

X

Y

W

William Bonner 150.
Will Smith 76.

Z